Responsabilidade social e ética
em organizações de saúde

Central de Qualidade — FGV Management
ouvidoria@fgv.br

SÉRIE GESTÃO EM SAÚDE

Responsabilidade social e ética

em organizações de saúde

2ª edição

Tania Regina da Silva Furtado
Gilberto Alves do Santos
Paulette Albéris Alves de Melo
Ricamar Peres de Brito Fernandes Maia

Copyright © 2016 Tania Regina da Silva Furtado, Gilberto Alves dos Santos, Paulette Albéris Alves de Melo, Ricamar Peres de Brito Fernandes Maia

Direitos desta edição reservados à
EDITORA FGV
Rua Jornalista Orlando Dantas, 37
22231-010 — Rio de Janeiro, RJ — Brasil
Tels.: 0800-021-7777 — 21-3799-4427
Fax: 21-3799-4430
E-mail: editora@fgv.br — pedidoseditora@fgv.br
www.fgv.br/editora

Impresso no Brasil/*Printed in Brazil*

Todos os direitos reservados. A reprodução não autorizada desta publicação, no todo ou em parte, constitui violação do copyright (Lei nº 9.610/98).

Os conceitos emitidos neste livro são de inteira responsabilidade dos autores.

1ª edição — 2011
2ª edição — 2016

Preparação de originais: Mariflor Rocha
Editoração eletrônica: FA Editoração Eletrônica
Revisão: Sandra Maciel Frank e Tathyana Viana
Capa: aspecto:design
Ilustração de capa: Felipe A. de Souza

> Furtado, Tania Regina da Silva
> Responsabilidade social e ética em organizações de saúde/ Tania Regina da Silva Furtado... [et al.]. Rio de Janeiro: Editora FGV, 2016. 2. ed.
> 152 p. : il. — (Gestão em saúde (FGV Management))
>
> Em colaboração com Gilberto Alves dos Santos, Paulette Albéris Alves de Melo, Ricamar Peres de Brito Fernandes Maia.
> Publicações FGV Management.
> Inclui bibliografia.
> ISBN: 978-85-225-1867-8
>
> 1. Responsabilidade social da empresa. 2. Ética empresarial. 3. Cultura organizacional. 4. Governança corporativa. 5. Hospitais — Administração. I. Santos, Gilberto Alves dos. II. Melo, Paulette Albéris Alves de. III. Maia, Ricamar P. de Brito Fernandes. IV. FGV Management. V. Fundação Getulio Vargas. VI. Título. VII. Série.
>
> CDD — 658.408

*Aos nossos alunos e aos nossos colegas
docentes, que nos levam a pensar
e repensar as nossas práticas.*

Sumário

Apresentação 9

Introdução 13

1 | **O papel da responsabilidade social, da bioética e dos valores 15**

Globalização e mercado 15

A ética das máquinas 17

O que é biótica 18

Ativismo ético-social empresarial — o grande desafio do século XXI 31

Imagem e sustentabilidade empresarial 34

Hospital dos nossos sonhos — uma proposta 35

2 | **Código de ética e de conduta como reflexo da cultura organizacional 39**

Código de ética e de conduta — o que representa para a cultura organizacional? 39

Construindo o código de ética e de conduta   41

Responsabilidade social   50

3 | Responsabilidade social corporativa   75

Imagem e reputação   75

Responsabilidade social corporativa   76

Lealdade e imagem: reflexos no desempenho de empresas   88

Formação de profissionais de primeira linha   106

4 | Hospital Hemorio — um caso real   111

Caracterização do Hemorio   111

Negócio, missão, visão e valores do Hemorio   114

Projetos de responsabilidade social   123

Conclusão   135

Referências   139

Os autores   147

Apresentação

EEste livro compõe as Publicações FGV Management, programa de educação continuada da Fundação Getulio Vargas (FGV).

A FGV é uma instituição de direito privado, com mais de meio século de existência, gerando conhecimento por meio da pesquisa, transmitindo informações e formando habilidades por meio da educação, prestando assistência técnica às organizações e contribuindo para um Brasil sustentável e competitivo no cenário internacional.

A estrutura acadêmica da FGV é composta por nove escolas e institutos, a saber: Escola Brasileira de Administração Pública e de Empresas (Ebape), dirigida pelo professor Flavio Carvalho de Vasconcelos; Escola de Administração de Empresas de São Paulo (Eaesp), dirigida pelo professor Luiz Artur Ledur Brito; Escola de Pós-Graduação em Economia (EPGE), dirigida pelo professor Rubens Penha Cysne; Centro de Pesquisa e Documentação de História Contemporânea do Brasil (Cpdoc), dirigido pelo professor Celso Castro; Escola de Direito de São Paulo (Direito GV), dirigida pelo professor Oscar Vilhena Vieira; Escola de Direito do Rio de Janeiro (Direito Rio), dirigida pelo professor Joaquim Falcão; Escola de Economia de São Paulo (Eesp), dirigida pelo professor Yoshiaki Nakano; Instituto Brasileiro de Economia (Ibre), dirigido pelo professor Luiz Guilherme Schymura de Oliveira; e Escola de Matemática Aplicada (Emap), dirigida pela professora Maria Izabel Tavares Gramacho. São diversas unidades com a marca FGV, trabalhando com a mesma filosofia: gerar e disseminar o conhecimento pelo país.

Dentro de suas áreas específicas de conhecimento, cada escola é responsável pela criação e elaboração dos cursos oferecidos pelo Instituto de Desenvolvimento Educacional (IDE), criado em 2003, com o objetivo de coordenar e gerenciar uma rede de distribuição única para os produtos e serviços educacionais produzidos pela FGV, por meio de suas escolas. Dirigido pelo professor Rubens Mario Alberto Wachholz, o IDE conta com a Direção de Programas e Processos Acadêmicos (PPA), pelo professor Gerson Lachtermacher, com a Direção da Rede Management pelo professor Silvio Roberto Badenes de Gouvea, com a Direção dos Cursos Corporativos pelo professor Luiz Ernesto Migliora, com a Direção dos Núcleos MGM Brasília, Rio de Janeiro e São Paulo pelo professor Paulo Mattos de Lemos, com a Direção das Soluções Educacionais pela professora Mary Kimiko Magalhães Guimarães Murashima. O IDE engloba o programa FGV Management e sua rede conveniada, distribuída em todo o país e, por meio de seus programas, desenvolve soluções em educação presencial e a distância e em treinamento corporativo customizado, prestando apoio efetivo à rede FGV, de acordo com os padrões de excelência da instituição.

Este livro representa mais um esforço da FGV em socializar seu aprendizado e suas conquistas. Ele é escrito por professores do FGV Management, profissionais de reconhecida competência acadêmica e prática, o que torna possível atender às demandas do mercado, tendo como suporte sólida fundamentação teórica.

A FGV espera, com mais essa iniciativa, oferecer a estudantes, gestores, técnicos e a todos aqueles que têm internalizado o conceito de educação continuada, tão relevante na era do conhecimento na qual se vive, insumos que, agregados às suas práticas, possam contribuir para sua especialização, atualização e aperfeiçoamento.

Rubens Mario Alberto Wachholz
Diretor do Instituto de Desenvolvimento Educacional

Sylvia Constant Vergara
Coordenadora das Publicações FGV Management

Introdução

O objetivo deste livro é contribuir para a ampliação do campo de percepção e de consciência crítica dos gestores de saúde, dos líderes empresariais e dos estudiosos pesquisadores sobre o papel da *responsabilidade social e ética em saúde*, diante da complexidade de se administrarem organizações na área da saúde.

Gostaríamos de expressar nossa profunda apreciação por todos que nos abriram as portas de suas empresas para analisar e investigar as boas práticas, e que nos deram a oportunidade de compartilhar suas ações e decisões, e de aprender com elas.

Este livro está estruturado em quatro capítulos.

O primeiro trata do papel da responsabilidade social, da ética e dos valores humanos. Nele são abordados temas como o ativismo ético-social empresarial em consequência do furor da globalização e da economia de mercado. Como substrato desse panorama, apresenta-se a relevância da imagem e da sustentabilidade empresarial como fatores críticos à perenidade organizacional. Como norteador e vetor referencial, emerge o *hospital dos nossos sonhos*.

No segundo capítulo, a ética é colocada em ação por meio do estabelecimento de um código de ética que seja o reflexo da cultura organizacional e base do código de conduta. Focalizam-se a responsabilidade social e a relação da organização de saúde com seus parceiros. Demonstra-se, também, como a sustentabilidade e a transparência ficam claras no *hospital dos nossos sonhos*, por meio dos projetos de responsabilidade social.

Discute-se, no terceiro capítulo, o conceito de governança corporativa em empresas de saúde, modelo que gera prestígio, valoriza as marcas corporativas e viabiliza o desenvolvimento de profissionais de primeira linha. Analisam-se, também, os reflexos da imagem e da reputação dessas organizações em seu desempenho.

O quarto capítulo delineia o perfil de um hospital real, um centro de excelência em hematologia e hemoterapia, cujos valores são: ética, equipe, qualidade, capacitação, humanização, compromisso e profissionalismo. Trata-se do Hospital Hemorio, a comprovação de que o hospital dos nossos sonhos é possível.

Finalmente, o último capítulo apresenta as conclusões a que se chega, depois de se percorrerem os caminhos da ética e da responsabilidade social, tendo as organizações de saúde como foco. Apresentam-se os atributos empresariais desenvolvidos por algumas organizações de sucesso, que se caracterizam como aquelas que, sobretudo, conseguem uma gestão ética em sua atuação. Desenham-se, enfim, as habilidades e as práticas necessárias à disseminação da dinâmica organizacional deste século XXI.

Este livro contribui para descortinar o potencial de valor agregado que já existe na organização hospitalar, transformando-a e maximizando seu potencial por meio dos componentes da ética empresarial e da responsabilidade social.

Assim como Proust (s.d.:42), acreditamos que "a verdadeira viagem de descoberta não vem de se buscarem novas paisagens, mas de ter novos olhos".

1

O papel da responsabilidade social, da bioética e dos valores

Este capítulo destaca a relação entre ética organizacional, efetividade organizacional e responsabilidade social corporativa, e oferece uma visão geral do desenvolvimento do pensamento sobre o tema ao longo do tempo para ajudá-lo a refletir sobre o papel ético-social das organizações de saúde.

Globalização e mercado

Historicamente, a necessidade de organizar o trabalho nasce com a passagem do modo nômade para o de habitação sedentária dos primeiros grupamentos humanos. Retirar do solo alimentação e sustento implicou a observação do que a natureza ensinava quanto ao estabelecimento de processos.

Semeadura, eclosão, crescimento, frutificação e colheita, etapas fundamentais do ciclo de sobrevivência do ser humano, sugeriam ao homem pré-letrado, que começava a se organizar em grupamentos sociais fixos, a necessidade de organizar, controlar e avaliar os resultados de sua produção.

A experiência imediata da vida social, organizada para tais fins, passa a estar privilegiadamente situada em grupos. Com a demanda pela estruturação de atividades, que resultou na organização de uma cultura de subsistência, os primeiros grupamentos sociais promoveram a rudimentar experiência de uma "unidade social intencionalmente construída e reconstruída a fim de atingir objetivos específicos" (Parsons e Uta, 1960:248).

A justificativa básica para o nascimento da organização e dos projetos de trabalho é que certas metas, ambicionadas por cada indivíduo, só podem ser alcançadas com a convergência de atuação de outros participantes. Em outras palavras, já no período histórico, encontramos a empreitada faraônica da construção das pirâmides e constatamos, então, o desenvolvimento do trabalho organizado sobre pressupostos que falam de um determinado conceito de sociedade e da estrutura de poder, ao mesmo tempo que revelam o estabelecimento da diferença entre necessidade e desejo na produção de bens ou serviços que somente seriam realizados pela conjugação do esforço de certo número de trabalhadores.

A Revolução Industrial, ao privilegiar a produção em massa, definiu a história do trabalho e de sua organização e processos em três aspectos cruciais: o fato de haver divisões de trabalho, de poder e de responsabilidade intencionalmente estabelecidas buscando atingir objetivos específicos; a existência de um ou mais de um centro de poder que controla os esforços da organização e os direciona para os objetivos definidos e que, continuamente, examina seu desempenho para reestruturá-la, buscando melhorar sua eficiência; e o caráter mandatório, característico da organização, que controla seus quadros de integrantes, transferindo-os e promovendo-os, substituindo-os, demitindo-os ou designando-os para novas funções.

No século XX, a chamada administração científica de Taylor (1990) e Fayol (1996), com seus tempos e modos de racionalização de trabalho, inaugurou a concepção de que o extenso controle sobre o modo de produção — gestão de processos —, quando bem efetivado, geraria resultados maximizados e melhor adaptação das pessoas. Muito rapidamente a primeira metade desse mesmo século revelou outros modos de gestão, tais como a escola de administração de recursos humanos de Elton Mayo (Frigotto, 1996), a administração por objetivos, a liderança situacional, a administração participativa, entre outros, evidenciando a parcialidade e a precariedade do paradigma taylorista-fordista.

A ética das máquinas

Do final do século XX ao nosso século XXI, o mundo observou inúmeras transformações com o desenvolvimento de alta tecnologia da informação, engenharia clínica e pesquisas com genoma humano, atraindo uma nova era – robótica. Essa era trouxe um imenso impacto no mundo organizacional, em nome da agilidade, eficiência e precisão de uma gestão com imagem e sustentabilidade empresariais. Uma verdadeira revolução digital influenciou as formas, normas, princípios e valores subjacentes à vida social. Floridi (2009:8) sustenta que a sociedade informacional, cada vez mais depende da tecnologia para prosperar.

Furtado (2015) destaca a investigação do comportamento dos líderes a partir do conceito da neurociência, para a compreensão dos fatores biológicos e do sistema neurológico, como fonte de contribuição para o desenvolvimento de estilos eficazes de liderança. O autor analisa, também, as novas diretrizes no reconhecimento do papel e da função dos projetos de ensino e pesquisa sobre os aspectos cognitivos e mudanças bem-sucedidas nas modalidades de liderança para resultados, o que denominou *neuroliderança*.

Ribeiro (2015:36) acentua as pesquisas na relação clínica-terapêutica em neuropsicologia, vinculadas aos transtornos mentais, embasadas no conhecimento cientifico, com o *biofeedback* para treinar o cérebro na realização de tarefas cotidianas, na memória de trabalho, na organização e no planejamento das funções executivas. Nomeia todo esse complexo de "a tecnologia avançada do *neurofeedback* para o desenvolvimento de alto desempenho".

Que tipo de ética permeia a nova era das máquinas? Como esta fará a integração com o mundo robótico, para responder à velocidade do pensamento, da motivação e do desempenho no processamento com cérebro humano?

O que é bioética?

Considerando a especificidade da literatura ligada à gestão dos serviços de saúde, a bioética ostenta, nesses últimos 40 anos de existência, um novo território do conhecimento, como uma disciplina autônoma. No princípio, seu foco de preocupação foi direcionado preferencialmente para os campos da relação entre profissional e paciente e da pesquisa com seres humanos. Com o passar dos anos, esse horizonte de atuação foi gradualmente ampliado neste início do século XXI, justificando sua inclusão como grandiosa temática referente a políticas e sistema de saúde, numa relação formal e concreta com as áreas social e sanitária.

Incorpora os conceitos mais amplos na interpretação de qualidade da vida humana, incluindo, além das questões biomédicas propriamente ditas, temas como o respeito ao meio ambiente e ao próprio ecossistema como um todo.

Segundo Garrafa (1999), refere-se à necessidade de a filosofia (e a ética) dar respostas concretas aos conflitos, indo além da teoria, das abstrações e do maniqueísmo entre temas como bem/mal, certo/errado, justo/injusto. A ética prática ou aplicada ressurge a partir dos anos 1960, com três campos: a ética dos negócios, a ética ambiental (ecologia) e a bioética.

Ética biomédica, também denominada deontologia, refere-se, no presente contexto, à chamada ética profissional que pauta os códigos éticos das diferentes profissões biomédicas. É direcionada preferencialmente para os deveres e as obrigações morais dos participantes de uma determinada comunidade profissional da área biomédica.

O pluralismo moral, situação constatada nas sociedades secularizadas contemporâneas, enfatiza a coexistência de grupos de pessoas e de posições morais diversas, independentes de outros grupos. O respeito ao pluralismo moral significa a capacidade de "estranhos morais" conviverem pacificamente com base no referencial da tolerância. Trata-se, ainda, de requisito indispensável na composição de comitês multidisciplinares e no próprio diálogo bioético.

Várias outras definições existem sobre o termo bioética, do grego bios (vida) e ethos (ética), que significa costume, maneira habitual de agir, índole. Sentido semelhante é atribuído à expressão latina mos, moris, da qual deriva a palavra moral. Sem entrar na discussão semântica, em ambos os casos a ética pode ser entendida como a ciência voltada para o estudo filosófico da ação e conduta humanas, consideradas em conformidade ou não com a reta razão (Ger, 1979).

Ética nas organizações é o estudo especializado do que é certo ou errado, moralmente falando. Trata-se da aplicação de padrões morais a políticas de negócios, instituições e comportamentos, conforme Velasquez (1991). A ética preocupa-se com julgamentos morais envolvidos em uma decisão moral, ou seja, no que é considerado moralmente certo ou errado, bom ou mau.

Segundo Kottow (1995), em *Introdution a la bioética*, a bioética é o ramo da ética que foca questões da vida e da morte, tais como: morrer com dignidade, eutanásia, suicídio assistido, prolongamento da vida, inseminação artificial, fertilização *in vitro*, células tronco...

"A bioética pode ser considerada como uma ética aplicada, baseada no conjunto de conceitos, argumentos e normas que justificam eticamente os atos humanos" (Kottow, 1995).

Goldim, em seu texto "Bioética e interdisciplinaridade" (2012) destaca que a bioética tem uma abordagem global quando não a considera apenas a relação entre médico e paciente, mas segmentos e pessoas envolvidas: o paciente, o médico, demais profissionais, família, comunidade.

Bioética e dilemas éticos

A ética deontológica baseou-se nas seguintes vertentes: a ética de Kant; a ética do discurso ou da discussão, de Habermas, e o contratualismo moral de John Rawls (Borges, Dall'agnol e Dutra, 2002). Para o deontologista, "a fonte do bem está nas ações corretas ou boas, que são aquelas que seguem as regras ou normas de ação moral; já o mal está nas ações incorretas ou más, que são aquelas que violam as regras morais" (Costa, 2002:158).

No entanto, do ponto de vista das abordagens teleológicas, Costa (2002) defende uma forma distinta de consequencialismo, e após comparar as sistematizações deontológicas com as teleológicas, esse autor vai concluir seu raciocínio identificando o utilitarismo como a teoria que informa que há mais duas tipologias de consequencialismo: o egoísmo ético e o altruísmo ético. O egoísmo ético define que "uma ação é moralmente correta quando ela tem consequências boas para o agente que a realiza, independentemente do que ela possa trazer para as outras pessoas" (Costa, 2002:155). Mesmo contraditória, essa posição foi defendida por filósofos como Ayn Rand (1905-1982), influenciado por Nietzsche (1844-1900), que considerava o egoísmo justo, pois para o filósofo, pessoas dotadas de "virtudes nobres", como força, coragem e individualismo deveriam ascender socialmente.

Garrafa (2005) sugere, para interrogação: o sentido da bioética principialista pode interpretar e propor soluções para os macroproblemas sociais e sanitários, comuns aos países pobres e em desenvolvimento do mundo? Por quê?

Como questões dilemáticas a que a bioética nos remete, podemos apontar exemplos de casos verídicos e de difíceis interlocuções com uma única decisão interpretativa:

A – Paciente adolescente em pronto atendimento

Paciente feminina, 16 anos, solteira, comparece ao pronto atendimento, acompanhada de sua mãe, com queixas de náuseas e vômitos de difícil controle. Refere atraso menstrual. Normal o exame físico. Feito diagnóstico de gravidez. A paciente, ao saber do diagnóstico de gravidez, verbaliza o desejo de levá-la a termo. O médico, por suspeitar que a paciente tenha comportamento de risco – uso de drogas IV – solicita pesquisa do anti-HIV, sem conhecimento da paciente e de seu responsável. O resultado é positivo.

É feita a consulta ao Comitê de Bioética sobre as seguintes questões:

a. Qual a conduta que deve ser tomada pelo profissional que vai atendê-la no pré-natal?

b. A informação do resultado do teste HIV deve ser revelada?

c. A quem essa informação deve ser revelada? À paciente? À mãe da paciente?

d. Qual a conduta frente ao namorado atual da paciente?

e. Qual a conduta frente ao grupo de pessoas que compartilharam o uso de drogas com ela?
f. Qual a conduta frente à gravidez? (Goldin e Francisconi, 1995).

B – *A mãe de Ana impede o doutor de transfundir a criança, após a cirurgia, alegando que ela é menor e que é sua filha.*
O doutor alega que ele é o médico e que ali é um lugar de tratamento.
A mãe chama o pastor, e o médico, a polícia.
O juiz dá o alvará para a transfusão.
O conflito ético baseia-se no fato de o doutor desrespeitar o pedido da mãe, para atender a urgência da doença da criança.
Ambos desrespeitam a criança, como ser atento e que merece uma explicação.
Qual a conduta a ser tomada pelo profissional que a atenderá?
Principal valor violado?

C – *Queimadura de segundo grau é ocasionada por infiltração de medicamentos em membro superior direito (local da punção venosa periférica), devido à obstrução venosa.*
A obstrução não foi identificada em tempo hábil, por ausência de teste de viabilidade (retorno sanguíneo) não realizado pelo técnico de enfermagem que prestava assistência direta ao paciente internado em CTI.
É feita a consulta ao Comitê de Bioética sobra as seguintes questões:

a. Qual a conduta que deve ser tomada em relação ao profissional que atendeu o paciente?
b. Qual a conduta frente aos familiares do paciente?
c. Qual a conduta em relação ao próprio paciente?
d. Qual o principal valor violado?

Com base no que foi discutido neste capítulo, acredita-se que seria aconselhável que os membros dos conselhos de saúde (municipais, estaduais e nacional) tivessem alguma formação em bioética. Em que situações concretas essa formação poderia ser útil?

Ética utilitarista

O utilitarismo é, na visão de Costa, a melhor expressão ética, pois uma ação moralmente correta é aquela que tem como consequência um bem maior para todos, incluindo o agente que a executa. Colocado de uma forma bem simples, esse princípio define que "uma ação moralmente correta é a que produz maior prazer (bem) e/ou menor sofrimento (mal) para a maioria" (Costa, 2002). Para mensurar a diferença entre o prazer e o sofrimento, ou dor, Bentham sugeriu um balanço conhecido pelo nome de cálculo utilitário, que se resume a um balanço, quase que matemático, das quantidades de prazer e dor, medidos em termos de intensidade, duração, certeza etc., para cada pessoa envolvida e afetada de algum modo pela ação, somando-se os resultados para se obter um saldo final. Assim, se o saldo resultar em mais prazer do que dor, a ação será moralmente correta; caso contrário, ela será uma ação imoral (Mill, 1987).

O contraponto à ética utilitarista é que esta exige muito da natureza humana, uma vez que os seres humanos primariamente estão interessados neles mesmos e em algumas pessoas mais próximas, ao passo que o utilitarismo exige das pessoas que elas estejam igualmente interessadas no bem de todos, sem distinção. O utilitarismo só se justifica se houver um contrato social implícito — a percepção do dar e receber entre as partes, pois a moralidade, quando há, existe em função da felicidade.

A segunda objeção define que o utilitarismo tem consequências monstruosas, que violam a integridade humana. A fim de preservar a ética do utilitarismo, desenvolveu-se o princípio do utilitarismo de regras, que Costa (2002:169) apresenta como "a ação moralmente correta é a que segue uma regra cuja adoção produz um bem maior para a sociedade que adota o sistema de regras ao qual ela pertence".

A ética da responsabilidade, segundo Xavier e Souza (2004), corresponde à ação racional objetivando determinados fins, sendo seu critério fundamental a racionalidade funcional ou instrumental. Enriquez (1997) e Srour (2000) descrevem outro tipo de "ética da responsabilidade", resultado da avaliação das consequências que os atos terão sobre o outro e sobre a maioria. Srour (2000) defende que a ética da responsabilidade não se apoia somente na vertente da finalidade, mas também na vertente utilitarista.

Entendendo pontos e contrapontos nessas correntes de pensamento, e sob a vigorosa influência de Weber, Ramos (1983:42-43) considera que a ética da convicção ou do valor absoluto está implícita em toda ação referida a valores, sendo seu critério a racionalidade substantiva.

A ética universalista — o discurso de Habermas

Reformulações da ética kantiana foram defendidas — é a ética do discurso, elaborada por Apel e Habermas. Habermas valoriza o papel da comunicação em busca de um entendimento por meio da intersubjetividade. A ideia central da ética do discurso é que os indivíduos se comuniquem entre si respeitando as exigências de validade de um discurso cujo sentido exprime a busca da verdade, delimitado pela justiça normativa, para que desse modo tenham condições de chegar a um acordo e de encontrar soluções justas e eficazes (Habermas, 1989; Enriquez, 1997).

Essa ética cognitiva seria uma ética universalista, ou seja, a busca, por meio da comunicação, de um sistema moral que seja válido para todos. A construção dessa ética depende, de acordo com Habermas, da aceitação tácita por parte de todos os envolvidos nesse processo, o que soa paradoxal, pois mesmo no mundo globalizado as diferenças entre as culturas ainda são evidentes. Quais seriam os princípios sobre os quais essa ética universalista estaria firmada? Qual sua origem? Que tipo de etnocentrismo cultural seria capaz de unificar as percepções do que seja o agir ético?

Diante do secularismo, pluralismo, relativismo e universalismo, algumas perguntas persistem: o homem autônomo e autossuficiente seria capaz de resolver seus dilemas e construir uma sociedade que tenha conceitos de bem e mal claros, determinando-se a viver por eles? Se sim, seriam viáveis tais conceitos a partir de quais princípios? Quais seriam os pontos de partida? A religião? O Estado? As empresas? O próprio homem? Em sua filosofia do absurdo, Albert Camus (2005) declarava que o mundo não fazia qualquer sentido. Para ele, o homem, em sua situação irracional, em sua nostalgia de paz e terrível realidade do sofrimento cotidiano seria "profundamente livre", e necessitaria desligar-se das regras comuns e aprender a viver só, na interioridade de suas paixões, sem dar satisfações a esse mundo completamente sem nexo. Um mundo sem nexo é um mundo que convive com o caos, considerando qualquer ordem como apenas provisória e variando de pessoa para pessoa. Ao conviver com o caos, a pós-modernidade não procura transcender ou agir contra ele. Não procura, também, definir elementos eternos e imutáveis que porventura estejam dentro dele (Veith, 1999).

O capitalismo, marca registrada da pós-modernidade, apresenta-se como um modo de produção e um processo civilizatório, conforme Correa e Medeiros (2006). Ao mesmo tempo que mundializa as forças produtivas e as relações de produção, desenvolve e mundializa instituições, padrões e valores socioculturais, formas de agir, sentir, pensar e imaginar, baseados na produtividade, competitividade e lucratividade. Aos poucos, a comunidade foi recoberta pela sociedade. Simultaneamente, ocorre a secularização da cultura e do comportamento.

Ianni (1997) ensina que se abalaram os quadros sociais e mentais de referência, gerando crises e conflitos, sugerindo que, no século XXI, uma ruptura de amplas proporções na teoria e na prática se manifestará. Essa ruptura de amplas proporções, na opinião do autor, já começou. Encontraremos nexo e ordem no caos? Qual seria a ética dessa sociedade?

Em 1992, Petrick e Wagley, usando estudos feitos por Kohlberg (1963), compararam ambientes éticos decorrentes do nível comportamental modal da organização. Kohlberg, por sua vez, produziu um modelo de desenvolvimento moral pessoal para o qual baseou-se em estudos feitos por Piaget, influenciado pela filosofia da moral, pelos imperativos categóricos de Kant e pelo pensamento de Aristóteles acerca das virtudes.

Para Petrick e Wagley (1992), é o comportamento das pessoas que consolida o nível modal de comportamento moral da organização. Assim, confrontando seu modelo com o requerido pelas novas formas de gestão de negócios, poder-se-ia avaliar quais ambientes e quais circunstâncias específicas seriam mais favoráveis à sustentabilidade da estrutura organizacional e ao desenvolvimento das pessoas.

Dentro do modelo conceitual de Petrick e Wagley (1992), há seis estágios morais possíveis. Neles, o desenvolvimento moral é progressivo, ou seja, evolui desde o mais elementar estágio, conhecido como pré-moral, até o mais elaborado, chamado pós-convencional. Cada estágio se subdivide em dois níveis morais.

É interessante ressaltar que o modelo de Petrick e Wagley se preocupa com a cultura moral que advém dos comportamentos morais, enquanto o modelo de Kohlberg enfatiza o julgamento moral expresso primordialmente nos raciocínios e percepções das pessoas, e não necessariamente em suas ações.

Quadro 1

MODELO DE DESENVOLVIMENTO MORAL — PESSOAL E ORGANIZACIONAL — E SUAS CARACTERÍSTICAS NO AMBIENTE DE TRABALHO

Modelo de desenvolvimento moral pessoal	Modelo de desenvolvimento moral organizacional	Características do ambiente de trabalho
1º nível: punição e obediência	1º nível: darwinismo social	Manipulação
2º nível: objetivo instrumental e troca	2º nível: maquiavelismo	Manipulação
3º nível: expectativas interpessoais mútuas	3º nível: conformidade	Obediência
4º nível: lei e ordem	4º nível: lealdade para com a autoridade	Obediência
5º nível: contrato social	5º nível: participação democrática	Eficácia organizacional
6º nível: princípios universais	6º nível: integridade baseada em princípios	Eficácia organizacional

Fonte: elaborado por Petrick e Wagley (1992) a partir do modelo de desenvolvimento moral pessoal de Kohlberg (1963).

Apoiando-se no pragmatismo de Petrick e Wagley (1992), e entendendo a relevância e a utilidade desse estudo — caso devidamente aplicado ao mundo corporativo —, seria interessante avaliar em qual nível moral encontram-se as organizações com as quais as pessoas têm relacionamento. E sua organização? Em que nível estaria? A partir daí, seria possível construir um modelo que pudesse ser representativo, objetiva e operacionalmente, do nível moral modal de determinada organização. Esse instrumento, adequadamente aplicado, permitiria avaliar o nível moral de qualquer organização, a partir do qual inúmeras inferências poderiam ser extraídas a fim de propor mudanças mais assertivas.

Numa pesquisa conduzida por um dos autores deste livro sobre o nível moral modal das organizações, 62% das pessoas pesquisadas definiram que suas organizações encontravam-se no primeiro estágio, o que demonstra a necessidade de conscientizar as pessoas e as empresas sobre o comportamento ético-moral investigado, uma vez que nem sequer saíram do primeiro estágio.

Características comuns às pessoas desse primeiro estágio são agressividade, dependência, exploração, estereotipia, dicotomização, confusão conceitual, medo de retaliação, medo de flagrante, crença de que o outro é o problema, desconfiança, pensamento mágico, pretensão de grandes resultados com pequenos esforços e a sensação de que a vergonha é pior do que o remorso. Tais características, ampliadas para o universo organizacional, podem explicar o atual paradigma do mercado, no qual é preferível ser desonesto a ser "perdedor".

A fim de caminharmos no processo de desenvolvimento moral, se desejamos fazer pequenas mudanças ou aprimoramentos incrementais, podemos trabalhar nas práticas, comportamentos ou atitudes. Para aprimoramentos significativos devemos trabalhar nos paradigmas. São eles que definirão se nosso empenho diligente será frutífero. Sugerimos que estudos sobre paradigmas morais seriam de grande valia no contexto do tema.

Se a bondade é a virtude que potencializa a ética e se a ética tem como subproduto a excelência organizacional, é a atuação ética que definirá quão competitivos empresas e países serão. Assim, deve haver uma mobilização por parte das organizações a fim de promover, incentivar e encorajar os comportamentos moralmente positivos para o crescimento pessoal, para a sobrevivência organizacional e para a construção de um país mais competitivo no cenário global, uma vez que a competitividade organizacional aumenta, consolidando a competitividade nacional (Hitt et al., 2005).

Sabe-se que pessoas mais conscientes desse esforço ético têm maior probabilidade de tomar decisões corretas, sendo certo que, ao tomá-las, estarão crescendo na virtude almejada. Ao falar sobre as virtudes, Zohar (2002) diz que o relativismo moral vigente é baseado na premissa de que não há verdades absolutas. Este livro endossa as conclusões de Salomon (2000), para quem virtudes e vícios caracterizam as pessoas, porém as virtudes são os valores transformados em ações. Daí podemos depreender que a atual crise moral que atravessamos é, em seu âmago, uma crise de virtudes.

As empresas, como atores de primeira grandeza no mercado global, são grandemente responsáveis pela evolução da moral social, uma vez que os agentes sociais respondem aos estímulos e aos condicionamentos do ambiente no qual se movem. As políticas das organizações influenciam a cultura muito mais do que a arte, a ciência ou religião. Assim, uma empresa bem-sucedida, estável, formada por pessoas satisfeitas, seguras e felizes impactando a sociedade, será capaz de reconstruir, por meio da cooperação e integridade, a desgastada malha social na qual nos encontramos, e o fará com muito mais rapidez do que qualquer outra organização. As empresas têm de ser mais demandadas nesse sentido.

Este livro ratifica o anseio da humanidade por viver uma era que se caracterizará por uma conscientização geral dos direitos e pela busca de seu efetivo exercício. Moreira (2002) entende que a "era da ética", que atualmente estamos vivenciando, é uma das vertentes desse anseio, porém ela é muito mais influenciada pela evolução moral da sociedade do que pelos conceitos e pela retórica em torno da ética como tema.

Um homem totalmente virtuoso e, consequentemente, feliz cria nos relacionamentos um nível de excelência organizacional reconhecido. Consolidando e ratificando os pensamentos de Drucker, Covey e Morris, anteriormente citados, Mattar Neto (2004) chama à existência a ideia de um homem universal como personagem central da nova sociedade que se formou no final do milênio anterior. Esse homem universal é o mesmo homem integral ou homem integrado. Ele comparece completo ao trabalho, com suas virtudes e valores; adquire, pela experiência, o conhecimento que transforma em sabedoria; atua de forma recorrente, construindo uma sociedade cidadã autossustentável e que respeita o meio ambiente. Schaff (1995) diz que esse homem é cada vez mais real e necessário. Nós, os autores deste livro, e a sociedade esperamos que o século XXI seja o século da ética.

Até então, os modos de gestão com vistas somente aos resultados da produção e centrados exclusivamente nos processos não davam às pessoas a devida importância na manutenção e na transformação da produtividade.

Finalmente, nas últimas décadas a internacionalização das fronteiras e a hipercompetitividade da era da informação atingiram uma magnitude até então nunca vista, criando um ambiente de negócios desafiador e complexo, pleno tanto de ameaças quanto de oportunidades. Sobreviver e prosperar ao mesmo tempo tornou-se o desafio contemporâneo. No afã de não apenas se equiparar, mas de superar os padrões globalizados para sobreviver, as empresas desenvolveram novos processos, como os de gestão da qualidade total, reengenharia, *downsizing* e células de produção, e estes passaram a conviver com programas participativos que buscavam a qualidade de vida no trabalho e o desenvolvimento de lideranças democráticas. Como a economia do século XXI é movida a inovação, a gestão de pessoas tornou-se o tema estratégico deste século. Assim, o desafio das organizações contemporâneas consiste não mais na implementação da gestão de processos e pessoas, mas na gestão com pessoas nos processos.

Esse desafio fez avançar a percepção empresarial de que não há só consumidores, mas interlocutores. Em 1999, consolida-se no Brasil o movimento do terceiro setor, reunindo as empresas para sua responsabilidade social.

Vimos um cenário em que muitas organizações criaram um novo modelo, com fundações e institutos, que as levaram a um processo de mudança nas atitudes frente ao meio ambiente e aos demais temas favorecedores da discussão sobre responsabilidade social no Brasil — crescimento econômico e desenvolvimento sustentável.

No II Fórum Social de Publicidade, em Porto Alegre, em 14 de janeiro de 2004, destacou-se a metáfora — acabou a época em que se vendiam somente produtos tangíveis. Nesse momento, nossa função é vender produto social, transformar o produto em marca social para que comunidades possam se sustentar. É cada vez mais difícil uma empresa faltar com suas responsabilidades ambientais e sociais e passar despercebida entre seus fornecedores e consumidores — o que leva ao chamado ativismo ético-social nas empresas.

Ativismo ético-social empresarial – o grande desafio do século XXI

O processo de internacionalização das economias capitalistas, crescente a partir da década de 1980 e denominado globalização, provoca, entre outros acontecimentos, um novo olhar sobre as relações de trabalho: empregabilidade, contratos de curto prazo, terceirização, além de abertura da economia, maior competitividade industrial nos mercados local, regional e internacional. Aumentar a produtividade, ganhando mercado, é o maior desafio. A força de trabalho precisa ser cooptada e a relação capital *versus* trabalho, humanizada. O novo e o desconhecido veem, nas práticas éticas e de responsabilidade social, um caminho diferenciado para suas marcas, transformando-as em estratégias de negócios. O ativismo social empresarial cresce, e a empresa percebe que a reputação de sua marca pode gerar lucro. Trata-se de um "novo negócio dos negócios" (Beghin, 2005:31) sim, mas que não pode descuidar da questão social.

Como já dissemos, este capítulo destaca a relação entre ética organizacional, efetividade organizacional e responsabilidade social corporativa, e pretende provocar no leitor reflexões sobre o papel ético-social das organizações.

Em prol da efetividade organizacional — entendida aqui como o estágio em que a organização produz resultados éticos e socialmente relevantes —, busca-se o encontro entre investimento social, práticas sociais e comportamento ético responsável, elementos indispensáveis para o conceito de cidadania e, por conseguinte, de ética empresarial e de responsabilidade social corporativa. Ética empresarial compreende os princípios e padrões que orientam os procedimentos no mundo dos negócios. O comportamento ético da organização é a base da responsabilidade social, expressa nos princípios e valores adotados pela empresa (Instituto Ethos de Responsabilidade Social, 2007). Responsabilidade social corporativa — a nosso ver, conceito mais amplo do que o de responsabilidade social empresarial — representa um relacionamento mais abrangente com seus *stakeholders* (grupos de interesse), como comunidades, ONGs, formadores de opinião, setor público, pessoas que influenciem, direta ou indiretamente, a empresa.

Embora o conceito de responsabilidade social corporativa seja bastante recente, o exercício da cidadania também o é, muito especialmente em nosso país, desigual e de inúmeras faces de pobreza, que nos acompanham há, pelo menos, 20 anos, como resultado de políticas público-sociais pouco efetivas. O combate à fome, à miséria e à pobreza se faz presente na política social de vários governantes; entretanto, seus resultados são pífios e, inúmeras vezes, assistencialistas que são, reproduzem o *status quo* do indivíduo, gerando, assim, dependência social e reprodução da classe social em que já se encontra. Nesse processo, a participação da classe empresarial começa a se fazer presente também por exigência do consumidor, que, além de buscar um produto ético, deseja saber o que fazem as empresas em relação aos clientes interno e externo, muito especialmente, no que tange à comunidade e ao meio ambiente. Da mesma forma, a cidadania corporativa engloba conceitos oriundos de uma visão mais humanística, que objetiva situar o gerenciamento de pessoas — e até o próprio comportamento dos indivíduos — numa perspectiva em que o desenvolvimento se torne autossustentável e pautado pela ética empresarial no trato com os agentes econômicos, no relacionamento com os atores sociais e na interação com o meio ambiente, baseado em um novo paradigma, que privilegia a melhoria da qualidade de vida dos cidadãos.

Nesse sentido a cidadania corporativa representa a plenitude da ética empresarial e da responsabilidade social corporativa, no momento em que as organizações em geral, ao assumirem seu papel social, são capazes de intervir nas carências sociais, provocando mobilidade social.

Estabelece-se, então, o movimento dialético entre o pensar e o agir, entre o ser e o estar, desaguando na ética empresarial e na responsabilidade social corporativa, na consciência cidadã de todos nós. Trata-se do saber ético e de seu fazer ético, instigando à reflexão sobre valores proclamados — valores empresariais, um dos elementos que, ao lado da missão e da visão, constitui a cultura de uma organização; valores reais, que representam as ações, as práticas que sustentam, que corroboram a existência dos valores proclamados: o antigo conceito entre teoria *versus* prática, discurso *versus* realidade — e suas práticas e políticas de gestão com pessoas.

Imagem e sustentabilidade empresarial

O setor de saúde no Brasil conheceu avanços significativos nos últimos anos, não obstante os grandes desafios que se apresentam. Nossa população cresce e se torna mais idosa, urbana e também mais consciente de seus direitos relativos à saúde. Taxas crescentes de adoecimentos crônico-degenerativos e infecciosos, assim como a violência das cidades, afetam desigualmente os vários segmentos sociais do país.

Além desses componentes, existem questões relacionadas a cobertura, custos, acesso, universalidade, complexidade, consumo, indicadores, satisfação do usuário, entre outros. Portanto, pensar em imagem e sustentabilidade empresarial na saúde requer integrar o desenvolvimento sustentável a cada uma das mudanças sociais, econômicas, ambientais e, fundamentalmente, a nossos valores pessoais. Uma organização de saúde que falta com suas responsabilidades ambientais e sociais não passa despercebida entre seus consumidores.

A gama de serviços oferecidos pelos hospitais — de tratamentos clínicos de alta tecnologia a cirurgias complexas, da contabilidade diferenciada a serviços sofisticados de hotelaria — torna sua administração ímpar e faz do próprio hospital o centro norteador do sistema de saúde.

Tentaremos não distinguir a competência estratégica em todos os atores dos setores público e privado, para facilitar o acesso franco à captura de oportunidades e à neutralização de ameaças *stricto* e *lato sensu*.

É dentro dessa linha de exposição que tecemos considerações sobre a sustentabilidade e reputação, dando ênfase à construção do código de ética e de projetos de responsabilidade social, alinhados a uma série de observações relativas ao processo estratégico, balizando-se os principais aspectos a serem considerados nesse universo tão especial e sensível para a sociedade: saúde + competência estratégica e satisfação de clientes.

O trabalho dos programas de capacitação de gestores em saúde desenvolvido no hospital por nós idealizado (*hospital dos nossos sonhos*) resulta na formação de profissionais especializados na gestão de serviços de saúde. Isso é fundamental para dotar os líderes e os executivos das ferramentas essenciais, bem como para garantir a sobrevivência e o crescimento seguro de hospitais, clínicas, laboratórios e demais serviços de saúde.

Como reforçou Furtado (2007), é na força de trabalho, no desenvolvimento e na manutenção de programas de treinamento constante das equipes multidisciplinares que as mudanças são suscitadas, para enfrentar os desafios de novos modelos e sistemas gerenciais.

Hospital dos nossos sonhos — uma proposta

Identificamos e reconhecemos o *hospital dos nossos sonhos* como o alicerce norteador que melhor integra os objetivos e os processos de trabalho das instituições que compõem o sistema de saúde. O hospital conjuga ações que visam melhorar a qualidade do serviço de saúde, dos seus profissionais, das organizações de consumidores e compradores desses serviços, permitindo, assim, buscar permanentemente a satisfação de todos os envolvidos e, em especial, do paciente, que também é visto como o usuário final do sistema.

O objetivo da criação do *hospital dos nossos sonhos* neste livro é contextualizar e tornar mais didáticos os referenciais conceituais da ética e da responsabilidade social, para que você possa se sentir atraído por esses desafios em seu dia a dia, mesmo sabendo que para o ser humano não existe nada mais difícil de conduzir, nem nada mais incerto e perigoso, do que iniciar uma nova ordem das coisas.

No *hospital dos nossos sonhos* devemos construir modelos de políticas focadas na conexão entre as forças do coletivo e os movimentos ambientais e sociais, políticas integradoras de práticas gerenciadas ao cotidiano dos serviços de saúde e pautadas na ética e na responsabilidade social.

Estamos diante de desafios com o *hospital dos nossos sonhos*. Desafios em apoiar programas de qualificação e acreditação, como os que vêm sendo implantados na saúde suplementar — voltados para a construção do código de ética —, visando sempre à melhoria dos serviços e dos atendimentos oferecidos.

Para se avaliar o papel da responsabilidade social, da ética e dos valores, inúmeros aspectos e conceitos se inter-relacionam. O sucesso de um hospital depende de fatores que vão além de serviços de boa qualidade. Ele decorre de se saber administrar seus recursos, bem como cultivar um bom relacionamento com pacientes, funcionários, médicos, fornecedores, sempre com base em preceitos éticos e na tão decantada confiança, que reúne responsabilidade, ética e valores.

A visão sistêmica tem oferecido lugar a outras compreensões dos fenômenos informacionais relevantes, como a globalização do conhecimento. Ela atrai, assim, a satisfação de todos os envolvidos e, em especial, do paciente, usuário final do sistema. Enfatizamos as plataformas do conhecimento por diversos estudos sobre a história da informação, da comunicação ou do conhecimento, com a necessidade de demarcar etapas, de um novo ser que adentra a tríade da ética, responsabilidade social e valores — esse ser humano que estende sua teia para vários cantos do mundo, formando uma rede de facilitadores e mediadores das plataformas do conhecimento.

No Brasil, já estamos cruzando cérebro com computadores, informação científica sobre adoecimentos e acessos à internet. Os programas de responsabilidade social estão relacionados a essa gama de fatores, em que o cliente do serviço de saúde ficou mais ativo. Não se trata de um paciente, e sim de um grande aliado no gerenciamento das ideias e na difusão dos projetos sociais. Esse paciente já se encontra mais apto a questionar seu próprio tratamento e as recomendações médicas, bem como tem aprendido a dialogar com a saúde e a doença. Da mesma forma, o componente de estratégias e projetos sociais se dá pela composição inovadora do fluxo do conhecimento. É a mesma caminhada que ocorre com os avanços da medicina, o controle das moléstias genéticas e a busca da longevidade tão desejada.

Comparativamente falando, esse diálogo e essas plataformas do conhecimento são o grande elixir para a composição e o desenvolvimento dos projetos de responsabilidade social. Eles permitem um melhor dinamismo na difusão da informação e do conhecimento pelos benefícios que trazem para o *hospital dos nossos sonhos*, ao perceberem uma maior competitividade e a criação, por toda a sociedade, de uma nova dinâmica do ser humano, organizando a conduta ética e os valores sociais.

Estamos mais aptos a aceitar recomendações de práticas sociais, partindo do princípio de que somos uma geração da informação. Novos problemas surgem e novos projetos circulam. Desenvolve-se uma nova cadeia de diversidade, com saídas para fertilizar e levar o cliente a pensar o presente e projetar o futuro em ambientes sociais cada vez mais complexos.

Essa é uma trajetória pensada por nós, na motivação em escrever sobre o papel da responsabilidade social como antecipação da sociedade do conhecimento.

Cabe, então, a questão:

Ética empresarial: ativo intangível ou prática ativa?

Responda você mesmo: de acordo com o que dissemos anteriormente, é possível aplicar a ética nas decisões estratégicas?

Reflita sobre a abrangência de uma organização hospitalar: como uma rede de conhecimento poderá fortalecer a imagem e a sustentabilidade do *hospital dos nossos sonhos*?

Como vimos até aqui, a responsabilidade social, a ética e os valores humanos são elementos essenciais para a cultura organizacional, exercendo importante papel em prol da perenidade da empresa. É com essa preocupação que surge, nesse contexto, o código de ética e de conduta, de que trataremos no capítulo a seguir.

2

Código de ética e de conduta como reflexo da cultura organizacional

Neste capítulo discute-se a ética sendo colocada em ação por meio do estabelecimento de um código de ética. Propõe-se que esse código seja o reflexo da cultura organizacional e base do código de conduta da empresa. E, como norteador e vetor referencial, emerge o que chamamos o *hospital dos nossos sonhos*, organização de saúde que busca a sustentabilidade e a transparência por meio de projetos de responsabilidade social.

Código de ética e de conduta – o que representa para a cultura organizacional?

Percebe-se que o código de ética e de conduta (CEC), como ferramenta de gestão, apoia e reforça os principais pilares da cultura organizacional — missão, visão e valores —, a partir de uma realidade socialmente construída, à medida que sua prática se fizer presente na tomada de decisões que envolvam dilemas éticos. Esses dilemas são empecilhos éticos, que, se não forem enfrentados, poderão fragilizar e comprometer a identidade, a marca reconhecida e um jeito de ser próprio de organizações socialmente responsáveis. Descuidar da manutenção de seus valores proclamados por meio da prática que os sustentem (valores reais), ocasionará ameaça à sua sobrevivência.

Então, pergunta-se:

> *Qual a razão de ser da organização? O que é a organização?*

Sugerimos, leitor, que reflita sobre a razão de ser da organização onde atua ou atuou. Pense sobre o porquê da existência de um código de ética e de conduta.

Conforme o Instituto Ethos de Empresas e Responsabilidade Social (2010):

> O código de ética ou de compromisso social é um instrumento de realização da visão e missão da empresa, que orienta suas ações e explicita sua postura social a todos com quem mantém relações. O código de ética e/ou compromisso social e o comprometimento da alta gestão com sua disseminação e cumprimento são bases de sustentação da empresa socialmente responsável. A formalização dos compromissos éticos da empresa é importante para que ela possa se comunicar de forma consistente com todos os parceiros. Dado o dinamismo do contexto social, é necessário criar mecanismos de atualização do código de ética e promover a participação de todos os envolvidos.

A tomada de decisão ética envolve, necessariamente, a figura do líder e os valores que defende em um alinhamento com a organização em que atua. A integridade nos negócios substitui a expressão ética nos negócios e, conforme Nash (2001), destacamos a integridade como condição maior da liderança empresarial, do líder ético e transformador. Consideramos o valor integridade o corolário de vários outros valores, tais como: honestidade, confiabilidade e credibilidade, principalmente.

Uma questão a ser discutida:

> *Qual é a relação entre a prática dos valores e o sucesso de um CEC?*

Sabemos que a adoção da prática dos valores dá confiabilidade e credibilidade à existência de um CEC, desde sua elaboração.

Construindo o código de ética e de conduta

As organizações adotam formas diferenciadas ao utilizarem instrumentos que regulam suas normas éticas, que se denominam CEC, credos, crenças, carta de princípios. Trabalhamos o CEC, alinhando princípios éticos e comportamento ético esperado, abrangendo todos que com ele tenham relação direta ou indireta, que influenciem ou que possam vir a afetar suas operações com a organização: seus *stakeholders*.

Vamos, agora, começar a praticar.

> *Pense o hospital dos nossos sonhos. Apresente uma demanda para a implantação de um programa de ética, que terá como* output *a elaboração do CEC.*

Primeiramente, faremos uma análise dos valores, de forma a elaborá-los ou revisá-los, conforme o caso, identificando dilemas éticos existentes.

Vejamos alguns exemplos.

Caso A. Inocêncio Ambrósio é responsável técnico pelo Departamento de Testes Obrigatórios realizados no sangue de doadores que procuram o hospital. Alguns meses antes, em um grande processo de licitação para aquisição de kits laboratoriais para testes sorológicos, o Laboratório Power & Moaney Co., potencial interessado na licitação, representado por seu coordenador Castorino Queromeu, ofereceu a Inocêncio inscrição e passagens aéreas para ele e sua esposa Deslumbrada Ambrósio, que ainda não conhecia os Estados Unidos, para participarem de um congresso sobre o tema "avanços tecnológicos na identificação de HIV e HLTV", a ser realizado em Nova York no final do ano. Inocêncio comprometeu-se a realizar, ao voltar, um seminário sobre os resultados.

Reflita sobre o caso:

a) Você considera a atitude do Laboratório P&M comum no ambiente de negócios da área de saúde?

b) Você acha importante não perder a oportunidade de se aperfeiçoar e ainda socializar esse conhecimento com o hospital?

Caso B. Um cirurgião solicitou a um paciente uma prótese, do fabricante Xiston, que possuía, em seu interior, certa quantidade de antibiótico de última geração, capaz de curar em menor tempo. O cliente levou a solicitação até o convênio para autorização. Quando autorizado, o convênio informou ao cliente que providenciaria a prótese e a entregaria ao médico no dia da cirurgia. Porém, nesse dia, o convênio entregou ao cirurgião uma prótese similar à solicitada, que, entretanto, não incluía o antibiótico. A cirurgia transcorreu nos limites da normalidade. Porém o tempo de restabelecimento do cliente foi muito mais longo do que seria se tivesse usado a prótese de fato solicitada pelo cirurgião.

Reflita sobre o caso:

a) O caso descrito caracteriza-se como um dilema ético?

b) Analise-o e identifique os valores violados.

Caso C. Agora, vamos estudar um clássico da ética empresarial, que se passou há muito tempo, nos Estados Unidos.

Trata-se da crise do Tylenol, que a empresa Johnson & Johnson enfrentou em 1982, quando sete mortes ocorreram por envenenamento, na cidade de Chicago, após as vítimas terem tomado cápsulas do Tylenol. Testes confirmaram a presença de cianureto ou cianeto de potássio nas cápsulas. Como teriam sido contaminadas? As primeiras 24 horas, como sabemos, são primordiais em gestão de crises. Que providências tomar? Como a crise teve no credo da J&J a principal ferramenta de gestão utilizada pelo presidente Jim Burke para encontrar a solução, vamos identificar o porquê.

Para isso, você deverá ler atentamente o credo da J&J:

Nosso credo

Cremos que nossa primeira responsabilidade é para com os médicos, enfermeiras e pacientes, para com as mães, pais e todos os demais que usam nossos produtos e serviços. Para atender suas necessidades, tudo o que fizermos deve ser de alta qualidade.

Devemos constantemente nos esforçar para reduzir nossos custos, a fim de manter preços razoáveis.

Os pedidos de nossos clientes devem ser pronta e corretamente atendidos.

Nossos fornecedores e distribuidores devem ter a oportunidade de auferir um lucro justo.

Somos responsáveis para com nossos empregados, homens e mulheres que conosco trabalham em todo o mundo. Cada um deve ser considerado em sua individualidade. Devemos respeitar sua dignidade e reconhecer seus méritos. Eles devem sentir-se seguros em seus empregos. A remuneração deve ser justa e adequada, e o ambiente de trabalho limpo, ordenado e seguro.

Devemos ter em mente maneiras de ajudar nossos empregados a atender as suas responsabilidades familiares. Os empregados devem sentir-se livres para fazer sugestões e reclamações. Deve haver igual oportunidade de emprego, desenvolvimento e progresso para os qualificados.

Devemos ter uma administração competente e suas ações devem ser justas e éticas.

Somos responsáveis perante as comunidades nas quais vivemos e trabalhamos, bem como perante a comunidade mundial.

Devemos ser bons cidadãos, apoiar boas obras sociais e de caridade, e arcar com a nossa justa parcela de impostos.

Devemos encorajar o desenvolvimento do civismo e a melhoria da saúde e da educação.

Devemos manter em boa ordem as propriedades que temos o privilégio de usar, protegendo o meio ambiente e os recursos naturais.

Nossa responsabilidade final é para com os nossos acionistas. Os negócios devem proporcionar lucros adequados.

Devemos experimentar novas ideias. Pesquisas devem ser levadas avante, programas inovadores desenvolvidos e os erros reparados.

Novos equipamentos devem ser adquiridos, novas fábricas construídas e novos produtos lançados.

Reservas devem ser criadas para enfrentar tempos adversos.

Ao operarmos de acordo com esses princípios, os acionistas devem receber justa recompensa.

Johnson & Johnson

Reflita sobre o caso:

a) Antes de saber qual foi a decisão da J&J, identifique, no credo, o que lhe permitiria retirar ou não o Tylenol do mercado.

b) Caso retirasse o Tylenol do mercado, decida se o retiraria dos Estados Unidos como um todo ou somente de Chicago, onde ocorreram sete mortes por envenenamento (cianureto de potássio). A decisão deverá ser tomada considerando as primeiras 48 horas da crise.

Como percebemos, os CEC, credos, são de grande auxílio na tomada de decisão ética e na construção de uma liderança ética e transformadora.

Como construir um CEC?

Quadro 2
ETAPAS DA CONSTRUÇÃO

Fases	Estratégias	Principais atividades	Output
1. Análise e preparação	Sensibilizar o corpo social da empresa	Palestras Pesquisa: retratando a empresa Formação do comitê de ética Análise de CEC da área de saúde	Relatório de resultado da pesquisa Recomendações para a fase 2
2. Desenho do CEC	Obter aderência ao CEC	Minutas do CEC – elaboração com apoio do comitê de ética Aprovação das diferentes áreas	Versão preliminar do CEC
3. Apoio na implantação	Alavancar o processo de implantação	Capacitação de multiplicadores (comitê de ética) Refinamento do CEC Realização de workshops Recomendações para divulgação	Versão final do CEC

Vejamos, agora, o detalhamento.

Fase 1 — Análise e preparação

Compreende o estágio no qual o comportamento ético desejado dever ser a principal inspiração/motivação para implantar o programa de ética, tendo como ferramenta de gestão o CEC.

As palestras deverão representar um chamamento para a escolha dos princípios que a empresa adotará e praticará no dia a dia corporativo.

Faz-se necessária a presença de representantes de vários setores da organização. Nessa fase tem início a construção, o fortalecimento da cultura organizacional. Isso é tarefa de todos.

Paralelamente, a esses procedimentos associam-se a formação e as atribuições do comitê de ética. Esse comitê deverá ter de cinco a sete componentes, representativos dos vários setores e indicados pelo *hospital dos nossos sonhos*. Em empresas de maior porte o número pode aumentar, evitando-se, contudo, transformá-lo em grupo muito numeroso, mais de 10 componentes, por exemplo. Deverá ser escolhido um coordenador.

Como tarefa inicial, analisamos o CEC de outras instituições da área de saúde.

Fase 2 — Desenho do CEC

Significa trabalhar com os resultados da pesquisa *retratando a empresa*, acrescidos da análise de CEC de outras instituições da área de saúde. O objetivo é identificar primeiro o cenário do hospital, observando questões em destaque, na pesquisa, que são comuns entre este e os demais CECs analisados.

Tem início o desenho preliminar do CEC e sua respectiva aderência, paulatinamente, evidenciando uma construção coletiva.

Fase 3 — Apoio na implantação

Envolve a capacitação de multiplicadores, constituídos pelo próprio comitê de ética, que terão como responsabilidade dinamizar as discussões sobre a versão preliminar do CEC, por meio de *workshops*.

Essa fase é de suma importância, pois deverá reunir representantes dos diferentes setores, uma vez que a condução do trabalho possibilitará correção de rumos e novos alinhamentos à cultura organizacional. Mais uma vez faz-se necessária a aderência ao CEC, para que ele se torne viável, factível.

Quanto à divulgação

Como assegurar o desenvolvimento de um comportamento ético, com valores morais seguidos por todos em uma organização?

O movimento da ética empresarial, como já vimos, é resultado de fatores externos: uma nova ética nas relações de trabalho (empregabilidade, por exemplo); um novo *ethos* organizacional, em que a responsabilidade social com o homem se faz presente e exigente; um homem que engloba os pilares da sustentabilidade — o econômico, o ambiental, o social e o seu devido equilíbrio. Enfim, o bem-estar da sociedade. O movimento predominante tem sido o de fora para dentro.

O CEC surge como ferramenta facilitadora e norteadora para o alcance, o comprometimento e a efetividade organizacional. Objetiva-se o fortalecimento da cultura, por meio do cumprimento de seus princípios.

Os canais de comunicação representam os principais interlocutores entre a dúvida e o entendimento. Percebemos, pela prática, que o comitê de ética é o suporte primeiro nessa demanda. No entanto, existem muitos canais, como e-mail específico, número de telefone, programas de portas abertas, ouvidoria e até um gerente de ética. Entretanto, as preocupações com a existência desses canais de comunicação devem, acima de tudo, garantir o sigilo e ter credibilidade com o corpo social da empresa. A liberdade de expressão deve ser estimulada e a represália, abominada. Como diz Echeverría (2004:8):

Quando destacamos as dimensões éticas desse novo modo de fazer empresa, não o fazemos como resultado de um afã moralista. Estamos, isto sim, comprometidos com a busca de melhores resultados — que não serão alcançados sem o parâmetro de um conjunto de valores éticos.

A existência do CEC não garante, em absoluto, o sucesso da empresa. Entretanto, pode e deve ser um canal de comunicação capaz de validar e reforçar o compromisso social da empresa, em relação a seus grupos de interesse, tanto internos quanto externos.

O que fazer e como fazer relacionam-se em várias situações da ética empresarial, pois, por mais que o foco maior seja o lucro e o bom negócio, o comportamento ético jamais deverá ser desprezado. Quanto mais o CEC for participativo, desde sua concepção, como construção coletiva que reflita os caminhos desejados pela empresa, mais internalizado ele se fará. A convicção de seu importante papel como balizador de decisões no ambiente de trabalho fará do CEC uma real ferramenta de gestão.

Caberá ao comitê de ética papel relevante nessa tarefa, identificando dilemas éticos e direcionando-os para o entendimento de como fazer para evitá-los ou saná-los. A busca de soluções e a melhor direção adotada será caminho profícuo para a gestão da ética empresarial.

Assim, consideramos como atribuições do comitê de ética:

❑ avaliar, permanentemente, a atualidade, a pertinência e a disseminação do código de ética e de conduta, preservando a cultura organizacional;
❑ apreciar e avaliar as infrações em relação aos dispositivos do código de ética e de conduta;
❑ pronunciar-se sobre as ações e as questões envolvendo as diversas áreas, elaborando, quando for o caso, pareceres;

- analisar e orientar sobre as dúvidas de interpretação do código de ética e de conduta;
- reunir-se, mensalmente, para discutir situações de seu dia a dia corporativo, referentes a questões éticas;
- atualizar, anualmente, o código de ética e de conduta, a partir de discussões apoiadas em questões éticas vivenciadas durante o período;
- garantir a confidencialidade sobre as informações recebidas.

Dessa forma, percebe-se que a cultura organizacional se fortalece, também, ao identificar o CEC como ferramenta de gestão. O valor e o zelo pela reputação estimulam a credibilidade da marca. Discurso e prática alinham-se, transformando os compromissos éticos, sociais e ambientais do *hospital dos nossos sonhos* em responsabilidade de todos, sejam eles empregados, fornecedores, acionistas ou todos os demais que se relacionam com a empresa. Trata-se de um compromisso ético e público com missão, visão e valores que vão além do cumprimento das leis.

Se todos forem partícipes na construção da gestão ética do *hospital dos nossos sonhos*, se estiverem sujeitos a seus próprios acordos, conscientes e convictos de sua importância, teremos, assim, as desejadas internalização e qualificação da conduta ética organizacional.

Toda a nossa preocupação, até então, está vinculada ao panorama do setor hospitalar, com a análise da repercussão da imagem que a cultura organizacional transmite, para promover e assegurar a excelência de seu desempenho.

Assim, trouxemos recomendações específicas para construir o código de ética e apontamos as melhorias e a responsabilização de todos a fim de aperfeiçoar o gerenciamento de sua imagem e reputação. A reflexão sobre a cultura orienta e direciona a organização para que ela se desenvolva e perdure.

Responsabilidade social

Nesta seção estão em foco a responsabilidade social e a relação da empresa com todos os *stakeholders*. Considera-se, aqui, como uma organização de saúde pode interagir com seus parceiros. Demonstra-se, também, como a sustentabilidade e a transparência ficam claras, por meio dos projetos de responsabilidade social, no *hospital dos nossos sonhos*.

Sustentabilidade e transparência

Vimos que o código de ética é a base das ações administrativas, ou seja, uma vez definida a carta de valores de nosso hospital, fica imediatamente identificada sua vocação social. Estabelecer os pressupostos e os princípios sobre os quais as ações da empresa serão construídas dará coerência a todo o processo de mudança estratégica, processo capaz de transformar a cultura da organização.

O código de ética, como já apresentamos, vai dirigir o comportamento do *hospital dos nossos sonhos*, ou seja, dele deve emergir a energia social necessária para dar consistência e credibilidade às ações, cuja efetividade só se consolidará em longo prazo e se essas ações derivarem de valores humanos. Eis a principal razão de ser de um código de ética: construir uma visão do futuro, com autenticidade e nobreza de princípios, no presente. O passo seguinte será aplicá-lo com coerência entre os valores e o planejamento estratégico da empresa.

Não há como separar a empresa do indivíduo se a atitude e a ação forem postas a serviço da ética, se estivermos sempre diante do grau de satisfação e motivação de todas as pessoas, com base nos valores humanos da humildade, verdade, justiça, amizade, integridade, honestidade, solidariedade, compaixão, prosperidade e tantos outros que possam reforçar as práticas das decisões e das escolhas individuais.

De acordo com La Forgia (2009:166), "a qualidade das decisões que orientam a direção de uma empresa é o elemento fundamental para que ela se desenvolva e perdure". Daí a importância do amplo debate sobre a governança corporativa quando tecemos a abrangência do panorama das duas categorias: sustentabilidade e transparência — entendidas como um conjunto de princípios e práticas para otimizar o exercício do poder de decidir nas organizações hospitalares.

Vamos aqui atrair um olhar histórico para as transformações conceituais.

Os primeiros estudos sobre responsabilidade social iniciaram-se nos Estados Unidos, na década de 1950, e, posteriormente, na Europa, no final da década de 1960, com autores como Bowen, Mason, Chamberlain, Andrews e Galbraith. Entre 1970 e 1980 o conceito de responsabilidade social corporativa ganhou amadurecimento e operacionalização, cercado por debates filosóficos sobre o dever das organizações na promoção do desenvolvimento social. Nos anos 1990 a responsabilidade social corporativa passou a incorporar cada vez mais os aspectos normativos e atraiu uma crescente participação do mundo acadêmico, principalmente dos defensores da ética nos negócios.

Partimos da premissa de que todas as organizações, e em especial as de saúde, de acordo com Hitt e colaboradores (2005), vislumbram o desenvolvimento de um novo panorama para o século XXI.

A fim de solucionar os problemas sociais globais gerados pelo êxito do paradigma industrial ocidental, os Estados buscam adaptar suas estruturas legais e suas políticas de incentivos, enquanto todas as organizações — inclusive as de saúde — buscam melhores indicadores econômicos e sociais.

Em meados do século XX, obras como *Silent Spring* (1964), de Rachel Carlson, e *Unsafe at any speed* (1965), de Ralph Nader, denunciaram descasos de organizações para com a sociedade.

Especialmente falando de Brasil, realizou-se, entre 1993 e 1997, a campanha da Ação da Cidadania, concebida pelo falecido Betinho — Herbert de Souza, sociólogo —, fundador do Instituto Brasileiro de Análises Sociais e Econômicas (Ibase). Betinho foi inovador porque acreditou na comunicação e lançou um produto no mercado: a solidariedade. A campanha ficou conhecida como Campanha da Fome e teve um desdobramento no Programa Fome Zero. Ele trouxe, também, para o Brasil, o "balanço social" e deu início à publicação do balanço financeiro das empresas adicionado ao social.

A Ação da Cidadania foi uma campanha da sociedade civil que mobilizou profissionais de marketing, artistas, veículos de comunicação, numa ação integrada e inovadora no que se refere às modalidades de mudanças estratégicas para convocar a população, organizadamente, para uma mobilização, com o apoio de marcas fortes, como Greenpeace, WWF e Oxfam, assim como suas campanhas de *advocacy*.

As empresas brasileiras passaram a ter uma nova experiência com a Ação da Cidadania: começaram a divulgar o conceito de responsabilidade social e seus muitos significados e interpretações.

Em 1998, nasceu o Instituto Ethos de Empresas e Responsabilidade Social. Logo a seguir vieram o Grupo de Institutos, Fundações e Empresas (Gife) e o Akatu, que trabalha com o consumo consciente. Inaugurou-se, também, o Comitê para Cidadania das Empresas Públicas (Coep), conscientizando sobre a responsabilidade pública das estatais em início de privatização.

Conforme Oliveira (1984:205), uma boa definição de responsabilidade social é:

> A capacidade de a empresa colaborar com a sociedade, considerando seus valores, normas e expectativas para o alcance de seus objetivos. No entanto, o simples cumprimento das

obrigações legais, previamente determinadas pela sociedade, não será considerado como comportamento socialmente responsável, mas como obrigação contratual óbvia, aqui também denominada obrigação social.

Atualmente uma correlação de forças sociais envolvendo a sociedade civil, a democracia, o Estado de direito e as próprias empresas busca garantir uma visão mais ampla de qualidade de vida que se sobrepõe aos interesses meramente lucrativos e comerciais, e as organizações de saúde estão claramente engajadas nesses objetivos. Empresas e instituições que desfrutavam de privilégios legais e políticos, unicamente por gerarem exportação, produção e empregos, sofreram grandes mudanças em sua gestão ao incorporarem outras prioridades sociais.

Em prol da efetividade organizacional — entendida aqui como o estágio em que a organização esteja produzindo resultados socialmente relevantes —, busca-se o encontro entre investimento social, práticas sociais e comportamento ético responsável, elementos indispensáveis para o conceito de cidadania e, por conseguinte, de responsabilidade social.

O *hospital dos nossos sonhos* compreende que, ao lado dos movimentos institucionais, surge o novo perfil de consumidor e cidadão, mais informado, melhor amparado em seu direito por entidades oficiais e não oficiais, apresentando maior consciência das alternativas de confiança e credibilidade.

A confiança corresponde ao maior atributo de responsabilidade dos relacionamentos e das atitudes de tomadas de decisão empresarial. Oferece, imediatamente, a relação com a sustentabilidade do hospital e sua transparência empresarial.

Ser sustentável é uma preocupação que envolve desde o impacto ambiental até a responsabilidade social de uma organização perante funcionários, consumidores, fornecedores e investidores. Ser sustentável estimula, também, as bases da credibilidade, como cita La Forgia (2009). Aponta-se a confiança como o elemento-eixo da transparência, pela integridade e pela segurança com que se pensa a empresa, pela intenção positiva que motiva o outro, pelo campo de competências e capacidades no cumprimento de metas e resultados.

Discutir programas e projetos sociais é interpor dois planos — ser sustentável e ser transparente. Esses dois planos, na verdade, não podem ser concebidos de forma independente. Eles se fazem exatamente no atravessamento de um pelo outro. Processos de sustentabilidade são planejados, decididos, executados por pessoas, e estas sofrem os processos que elas mesmas "inventaram" e tornam transparentes suas execuções gerenciais.

Assim, quando nos propomos a analisar projetos de responsabilidade social, temos de enfrentar a tarefa de nos debruçar sobre alguns elementos básicos que configuram o campo gerencial.

Tais modos de gestão implicam a visão da produção centrada exclusivamente nos processos para incluir, com maior visibilidade, a importância determinante das pessoas para a manutenção e a transformação da produtividade.

Adotando-se um conceito necessário e importante como o de sustentabilidade, partindo-se da construção de projetos de responsabilidade social com distinção na gestão com pessoas, é fundamental pensarmos em discutir métricas e indicadores permanentemente — comparando-se instâncias de pesquisa, como a Global Reporting Initiative (GRI), que congrega mais de 800 grandes empresas de todo o mundo, com a Ethos Brasil —, elaborar relatórios de sustentabilidade e ter a preocupação constante com o conceito de transparência.

Uma observação de fundamental importância: em 2008 houve a escolha das 20 empresas-modelo pelo guia *Exame de Sustentabilidade*, elaborado pelo Centro de Estudos em Sustentabilidade (GVces) da Fundação Getulio Vargas.

A análise desenvolvida teve quatro etapas dimensionadas. Na primeira, as empresas participantes preencheram as metas sobre transparência e governança corporativa. Nas etapas seguintes, trataram das dimensões econômico-financeira, social e ambiental.

Percebemos que o Brasil, mesmo que timidamente, vem carreando sua imagem em projetos e programas de transparência — um compromisso de sustentabilidade. O país foi considerado como estando na linha de frente dos debates na relação de sustentabilidade. Na Conferência Global Reporting Initiative, fez-se representar por empresas como Natura e O Boticário, com informações claras e reveladoras de aspectos positivos e com cada vez maiores perspectivas diante do cenário internacional.

É fato sabido que há pioneirismo das empresas brasileiras ao adotarem o contexto de responsabilidade social, ao considerarem o contexto socioambiental do planeta como estratégia de gestão das pessoas, ao levarem os preceitos do desenvolvimento sustentável para o cerne de seu negócio, ao entenderem que um dos maiores desafios é incutir em sua estratégia a sustentabilidade, desde sua fundação, ao permitirem que um comitê administrativo desenhe o conceito de transparência como parte integrante do dia a dia empresarial. É o que busca o *hospital dos nossos sonhos*.

Projetos de responsabilidade social no hospital dos nossos sonhos – a visão estratégica da responsabilidade social

O *hospital dos nossos sonhos* está ciente de que a sobrevivência no terceiro milênio — no "século das parcerias" ou no "século da sustentabilidade", como é chamado esse período por alguns autores — depende da consideração consciente e racional dos interesses de todos os *stakeholders*. A sobrevivência depende da sustentabilidade, ou seja, da capacidade desenvolvida pelo hospital de captar, envolver e coordenar os interesses de todos os atores sociais.

Ao entender que a sustentabilidade deve coordenar esses elementos fundamentais e que estes por si sós refletem uma ruptura nos paradigmas até então vigentes, o *hospital dos nossos sonhos* prepara-se para o primeiro salto quantitativo e qualitativo. Prepara-se para a eficiência e a eficácia na gestão do relacionamento com todos os componentes da cadeia produtiva. Para tanto, elencou-se um conjunto de ações capazes de lançar a organização numa jornada menos obscura rumo ao futuro incerto, pois nosso hospital sabe que a sustentabilidade só será garantida em organizações que sejam:

❏ econômica e financeiramente viáveis;
❏ socialmente justas;
❏ culturalmente aceitas;
❏ ambientalmente responsáveis.

O *hospital dos nossos sonhos* e seus executivos entendem que coordenar tais fatores, de acordo com Harman e Hormann (1993), requer a reavaliação de um dos pressupostos básicos da sociedade ocidental: o lucro. O lucro, como resultado único da eficiência na gestão, durante muito tempo foi visto como o único fator determinante da perenidade da organização.

Sublinhamos que as práticas de sustentabilidade têm sido um eixo comum e de destaque, principal objetivo da prática da governança corporativa. Essa governança deve observar e propiciar, ao longo do tempo, o maior nível de desenvolvimento da empresa, objetivando a maximização de seu valor, com sustentabilidade. Assim, a satisfação não é só dos proprietários da empresa, mas também de toda uma comunidade de partes relacionadas — os *stakeholders*: os empregados, as comunidades onde a empresa atua, os governos arrecadadores de impostos, entre outros.

Destacamos aqui o conceito de sustentabilidade nos projetos de responsabilidade social. Se o valor de uma organização é o valor presente dos lucros propiciados a seus acionistas, é necessário que a organização se desenvolva de forma a registrar cada vez melhores desempenhos, e estes devem acontecer de forma sustentável e transparente ao longo do tempo. Trata-se de uma visão mais ampla da estratégia empresarial, segundo qual todos os agentes da governança corporativa em uma organização devem zelar pela sua perenidade.

O *hospital dos nossos sonhos* foi crescendo com um alto desenvolvimento e uma administração eficaz, com práticas éticas e de responsabilidade social, com processos internos modernos, sistemas de controle eficazes e um sistema decisório racional.

Nesta seção, que trata de projetos de responsabilidade social, destacamos, como ponto fulcral, a discussão do Brasil tangenciado para a organização hospitalar, com as respectivas proporções, frente às quais merecem comentário a disseminação de boas práticas na propriedade — as companhias, fechadas ou abertas, devem utilizar livre, criativa e eticamente todas as possibilidades legais de emissão de instrumentos financeiros: ações ordinárias, preferenciais, bônus de subscrição, debêntures conversíveis e simples, entre outras — e o processo de captação de recursos necessários ao desenvolvimento. A própria existência, na Bovespa, de dois níveis de governança corporativa e do novo mercado revela o reconhecimento de que as organizações podem e devem se utilizar dos mecanismos factíveis legalmente, em função da receptividade do mercado e de suas características peculiares.

Essa disseminação de boas práticas aponta diretamente para a Associação Internacional dos Gestores de Saúde (AIGS), com seu Conselho de Administração. A AIGS entende que sua missão de administração é proteger o patrimônio e maximizar o retorno do investimento dos associados sustentadamente, agregando valor ao empreendimento.

Entre tantas iniciativas, destacam-se aquelas ligadas à área de educação para o crédito, que estabelecem linha direta com a comunidade, desenvolvendo usuários mais conscientes por meio de um sistema de saúde no qual todos ganham e participam das decisões sem perda de foco, sem desvios estratégicos, garantindo apoio e oportunidades iguais para todos. Eis os pré-requisitos indispensáveis à construção de uma imagem.

No *hospital dos nossos sonhos* os executivos entendem que coordenar tais fatores significa atender a metas explicitadas desde a implementação de sua gestão; significa implementar a governança hospitalar quanto à estrutura e à função da organização, com elementos definidores das políticas e das diretrizes gerais sobre sua missão, seu papel; e significa também garantir ao usuário a visibilidade do plano de ação que o código de ética representou em sua modelagem.

Em resposta a esses movimentos, de acordo com Davel e Vergara (2006), estão surgindo diversos contramovimentos sociais e políticos, ações que promovem a democracia, a liberdade, a consciência ecológica, movimentos pela paz mundial e de busca por justiça social. Tais circunstâncias justificam o ressurgimento de valores humanos e as discussões sobre a ética, pois valores, sendo princípios, são atributos exclusivamente humanos.

No *hospital dos nossos sonhos*, administrar todos os fatores inerentes à sustentabilidade exige um nível de excelência anteriormente jamais demandado. Excelência para a qual concorrem capacitações e competências crescentes, mas que terão que ser coordenadas com caráter, consciência, desempenho e resultados.

Davel e Vergara (2006) explicam que as empresas não são meros agregados de indivíduos, como as multidões. As organizações empresariais e institucionais são componentes essenciais da sociedade, pois desempenham múltiplas funções que impactam a cidadania e a qualidade de vida das pessoas. As empresas geram empregos, disponibilizam produtos e serviços, constroem cidades, fortalecem a riqueza das nações, enfim, inserem-se no grande sistema de socialização. Estudar as organizações significa entender o próprio mundo da civilização, que apresenta novas configurações a cada momento da história.

O *hospital dos nossos sonhos* compreende que, quando a civilização for capaz de gerar valor, como capital, respeitando e tendo como base os valores humanos, como princípios, será capaz de construir um novo modelo de negócio nas empresas, criando o chamado capitalismo compassivo ou capitalismo consciente — modelo de transformação da atual sociedade numa sociedade mais solidária. Eis o porquê da relevância dos projetos de responsabilidade social.

O hospital sabe que o relacionar-se bem com o mercado de consumo, com os públicos de interesse e os cidadãos converteu-se em questão de sobrevivência e aceitação para qualquer organização. Torna-se estratégica a forma como a responsabilidade social condiciona a gestão organizacional.

O hospital soube relacionar-se com parceiros para construir modernamente sua marca, na qual sua reputação ética está implícita. Na visão do hospital, então, há responsabilidade social relacionada ao público interno, ao meio ambiente, aos clientes, aos distribuidores e aos fornecedores, à comunidade em que está inserido e até a seus concorrentes. As organizações, para ele, não são responsáveis por proteger apenas seus usuários, mas também os interesses de todos aqueles que com elas interagem e por elas são afetados. Afinal, como dizia Kant (2002:42): "as coisas têm preço, as pessoas, dignidade".

Consolidando o tema, responsabilidade social significa desenvolver iniciativas para que a preocupação e a atuação privilegiem a amplitude de visão, a multiplicidade de interesses e o sentido de cidadania. Trata-se de uma gestão calcada na obrigação moral resultante da pressão da sociedade organizada por políticas e legislações que protejam os direitos humanos, promovam melhores condições de trabalho e preservem o meio ambiente para a presente e as futuras gerações.

O *hospital dos nossos sonhos*, como organização socialmente responsável, atua dentro de princípios éticos elevados, que ultrapassam a simples obrigação de respeitar as leis. Zulzke (2000) defende que as iniciativas de responsabilidade social devem levar em conta e revelar as crenças da empresa em sua melhoria por meio de seus princípios, e sua contribuição para uma sociedade mais justa. Não basta, assim, deixar de infringir as leis. Ao refletir vícios e problemas da sociedade em seu ambiente interno, uma empresa não se pode dizer socialmente responsável. Assim, o *hospital dos nossos sonhos* deve demonstrar uma cultura que contribua para o desenvolvimento e que promova, de alguma forma, a melhoria dos padrões sociais.

O conceito de autonomia empresarial, tanto da gestão, quanto dos conselheiros e da governança, atrai critérios para a avaliação da responsabilidade social na organização, segundo o Instituto Ethos (2010), envolvendo temas e indicadores tais como:

- valores e transparência;
- público interno;
- meio ambiente;
- fornecedores;
- consumidores;
- comunidade;
- governo e sociedade.

O *hospital dos nossos sonhos* tem consciência de que vivemos na era do foco no cliente e, como você já sabe, as questões éticas são cruciais no relacionamento entre as pessoas. As escolhas que os clientes fazem, ao consumir produtos e serviços, consideram atributos imateriais. Os intangíveis, mais do que quaisquer outros atributos, garantem vantagens competitivas, sustentáveis e estratégicas à perenidade da organização.

O *hospital dos nossos sonhos* constrói, para si, um diferencial. A transparência da comunicação das ações de responsabilidade social torna-se uma arma poderosa para a empresa, uma vez que estabelece uma relação de confiança com seus usuários, e, na atualidade, não há atributo mais importante do que a confiança como vantagem competitiva estrategicamente sustentável.

Assim, ao entrarmos no ambiente do *hospital dos nossos sonhos*, como pacientes ou visitantes, alguns fatores evidenciam claramente a presença do princípio intangível, que é a responsabilidade social. A primeira observação diz respeito aos valores da empresa. Os valores são as mais relevantes evidências da responsabilidade social, pois todas as demais ações só terão sentido se deles decorrerem. Valores ficam evidentes nas atitudes das pessoas. Executivos e demais líderes sabem que seu exemplo de integridade se refletirá por toda a organização, pois os valores permeiam as atitudes humanas.

Assim, o passo seguinte para o *hospital dos nossos sonhos* é desenvolver um planejamento de responsabilidade social e aprimorar a implementação de estruturas de gestão nas unidades próprias, como exigem leis estatais.

Os passos norteadores do planejamento são:

- identificar públicos e áreas de interesse que tenham afinidade com as *core competences* da empresa;
- definir e alocar recursos dentro dos orçamentos anuais;
- definir um comitê gestor para a implementação do projeto, deixando a cargo dele a execução das demais ações;
- envolver a comunidade, o governo e a sociedade, buscando parcerias público-privadas.

Simulemos uma unidade do *hospital dos nossos sonhos*, por exemplo, no Rio de Janeiro, em Copacabana, que congrega grande população de idosos. Um campo de trabalho tem sido dimensionado na parceria governo e área privada: os projetos de urbanismo nas praças públicas, revestidas de bancos e mesas com jogos e lazer; as atividades de praça pública e praia voltadas para o conceito de prevenção; a retirada do idoso de casa para o exercício, o banho de sol, a convivência interativa com outras pessoas de idades próximas.

O hospital tem como foco empreendedor uma proporção significativa de pessoas mais saudáveis, sem visitas a seus consultórios, que tanto oneram os planos de saúde e as operadoras, por atendimento sem sintomatologia física. No entanto, essas pessoas encontram, na figura do médico, a única pessoa com quem podem conversar e manifestar sua depressão por causa da solidão, da viuvez e da saída dos filhos.

Esses projetos de colaboração e de complementaridade ao público, na mesma área administrativa onde está inserido o hospital, certamente trarão a imagem e a recompensa do que nele se faz por seus pacientes e visitantes — garantem-se as demais ações que demonstram o alinhamento da organização com as demais ações de responsabilidade social.

Vejamos outro exemplo de revitalização do bairro, também com o foco nos idosos.

Foi percebida e contabilizada, pelos gestores do *hospital de nossos sonhos*, a grande frequência de idosos ao ambulatório nos dias de segunda-feira, sem sintomatologia explícita, mas com as marcas da tristeza do fim de semana solitário. Houve, então, um comportamento estratégico do comitê gestor, que conversou com associações clericais e associações de moradores. As pesquisas demonstraram que, além de atividades orientadas para o fim de semana, sessões com debates de filmes de época surtiram o efeito esperado: redução do atendimento no ambulatório às segundas. Esse programa foi o mais valorizado pela comunidade circunvizinha do hospital.

O executivo, então, tomou a decisão de fazer a indicação de um idoso para representante no comitê gestor do hospital. Esse idoso tabulava, com base em pesquisas de opinião, as atividades mais prazerosas para a comunidade e as agregava aos indicadores de cuidado e adoecimento do comitê gestor. Assim, passou-se a ter indicadores de satisfação dos idosos perante a imagem do hospital.

Nesse particular, nosso hospital observou não só o foco de "cuidador" da saúde, como também uma nova capacitação: transmitir bom exemplo de cidadania corporativa. Assim, ele manteve uma boa integração com a população usuária de seu serviço, boa imagem e alta reputação.

E agora você deve estar se perguntando: e o público interno?

Na estrutura do hospital, há plano de carreira e oportunidades de crescimento para os empregados. Os salários estão dentro da média, e há outros benefícios, inclusive programas de amparo aos funcionários. No *hospital dos nossos sonhos*, há permissão para que seus funcionários se expressem. O hospital investe na qualificação deles, desenvolvendo programas que aumentam a empregabilidade. Sempre voltado para ações que melhoram a qualidade de vida de seus empregados, o hospital proporciona uma relação mais equilibrada entre trabalho e lazer, trabalho e família.

Com base nesse aspecto, o hospital oferece atividades esportivas e culturais aos empregados, como esportes e idiomas, permitindo-lhes praticar atividades salubres que minimizem o estresse. Encontros de segurança no trabalho (Sipat) são outro referencial importante, e são garantidos pelo comitê gestor. Além disso, o hospital quer manter, como atributo de valor, a discussão sobre o tema de assédio físico ou moral. Esse é um dos fatores organizacionais que apresenta grande dificuldade no que diz respeito à verbalização do tema e às políticas de poder enfrentadas pelas empresas de todo o mundo.

Observados os valores e a transparência presentes no *hospital dos nossos sonhos* e sua relação com o público interno, o respeito ao meio ambiente também deve ficar evidente. O hospital implementa ações de consciência ambiental caracterizadas pela redução do desperdício, pela coleta seletiva de lixo, pela utilização racional de recursos e pela preservação da limpeza local, com especial ênfase no cuidado com o descarte de resíduos hospitalares. Além disso, o comitê gestor do hospital avalia a relação com os fornecedores para que as negociações com outras instituições tenham o compromisso de estarem alinhadas com o código de ética.

A implementação, também, de um novo relacionamento com os funcionários reflete-se na relação da organização de saúde com seus clientes e familiares, oferecendo especial atenção à sua satisfação.

O comitê gestor do *hospital dos nossos sonhos* passa a preocupar-se em assumir suas dificuldades com outros agentes do mercado, corrigindo as falhas e compensando pelos méritos atingidos. Ele implanta e dá total transparência ao comitê de bioética e biossegurança, órgão colegiado e multifuncional de responsabilidade socioambiental.

O hospital opta por investir em questões complementares relevantes que dizem respeito ao apoio ao desenvolvimento da comunidade, proporcionando-lhe ações voltadas ao lazer, à educação, à cultura e à saúde. Resolve, também, buscar a parceria e o apoio de associações e ONGs em programas e projetos sociais.

Entre outras práticas, o *hospital dos nossos sonhos* consolida uma ONG com prioridade em saúde (prevenção) e educação. Cria um banco de dados para o apadrinhamento de bairros da periferia com alto índice de pobreza. Cria, também, o Adote um Projeto de Sala de Aula, que visa a programas de desenvolvimento e capacitação voltados para professores locais, que são reprodutores de conhecimento. Alguns pontos distintos podem ser estruturados por meio dessa intervenção:

- monitoramento da comunidade da circunvizinhança;
- criação de espaços socioambientais de diálogo com a comunidade e demais organizações;
- estratégia para fora dos muros do hospital;
- melhoria de qualidade de vida das famílias com programas e projetos via associação de moradores, igrejas locais, entre outros;
- orientação à saúde e a aspectos jurídicos para pacientes, acompanhantes e funcionários do hospital;
- consolidação de investimentos e iniciativas de responsabilidade social;
- programas oftalmológicos, com entrega de lentes e óculos;
- sensibilização de outros bairros e hospitais por meio da prestação de contas;
- ecoeficiência hospitalar — novo conceito, com práticas de preservação do meio ambiente associadas a estratégias;
- levantamento de dificuldades do momento — a computação e sua integração em rede com os indicadores de adoecimento e de cronicidade pregnantes na comunidade;
- reforço dos relacionamentos com componentes de solidariedade e resgate das relações interfamiliares e entre grupos sociais;
- mediação dos incentivos fiscais das empresas que cuidam da comunidade;
- fomento de premiação às melhores atitudes associadas ao conhecimento e às propostas para a saúde e educação da criança;
- viabilização de acesso a hábitos e consumo educacional ou sua expansão significativa;

❏ renovação de acervo e de ambientes escolares — espaços e ações propícios à comunicação de grupos.

O *hospital dos nossos sonhos* entende que todas as ações que demonstram sinergia entre os parceiros e o fato de a organização estar aberta às mudanças positivas — trabalhando lado a lado com o setor público, implementando parcerias público-privadas — ratificam sua vocação para um relacionamento ímpar com o governo e com a sociedade, gerando benefícios e representatividade. Só assim será possível fazer da organização um polo de contribuição positiva na construção de uma sociedade mais justa e plural.

O *hospital dos nossos sonhos* sabe relacionar-se bem com o mercado de consumo, com os públicos de interesse e com os cidadãos. Torna-se estratégica a forma como a responsabilidade social condiciona a gestão organizacional.

Então:

❏ Como desenvolver *projetos de responsabilidade social*?
❏ Como os *projetos de responsabilidade social* podem ser valorizados?

Para respondermos a essas questões, contamos com alguns exemplos do cotidiano dos hospitais ditos organizações cidadãs, com base em diferentes focos: nas crianças, nos adultos e no meio ambiente. Vejamos:

Foco nas crianças

As creches representam um dos importantes benefícios oferecidos pelo hospital. Elas são a garantia de um local seguro, que oferece atendimento diferenciado, no qual as crianças e os pais podem contar com a tranquilidade de estarem próximos.

Nosso hospital oferece o benefício de forma diferenciada:

- a creche funciona das 6h às 21h30min;
- para crianças até o sexto mês, o hospital subsidia 100% do custo. Os pais que estudam podem deixar seus filhos na creche por tempo integral, pagando 50% do valor;
- toda a alimentação oferecida às crianças, no período em que estiverem sob seus cuidados, é disponibilizada pela creche. As refeições são preparadas para atender a todas as necessidades nutricionais das crianças;
- os bebês recebem também fraldas descartáveis, que são custeadas pelo hospital;
- as crianças têm aula de música e de computação;
- semanalmente, uma psicóloga faz o acompanhamento das crianças;
- a mãe que estiver amamentando pode entrar para amamentar seu bebê quando desejar.

As crianças recebem atenção especial nos projetos periódicos, como: Ruas de Lazer, Festa Junina e Natal Solidário e de grupos de entretenimento, como os Doutores da Alegria, o grupo Hospitalhaços, o grupo Xô Dodói e o grupo de Contadores de Histórias. Todos os anos, por exemplo, no mês da criança, alguns hospitais promovem a Rua de Lazer e Brinquedoteca, em parceria com a comunidade do bairro e com o apoio de outras instituições. Entretenimento e interação social são oferecidos, e atividades como cama elástica e piscina de bolas são proporcionadas às crianças, além da distribuição de algodão-doce e pipoca.

No programa Pais Solidários — Fazendo uma Criança Brilhar, pais recebem orientação nutricional, psicológica, sobre todos os aspectos físicos e psicossociais fundamentais ao desenvolvimento da criança.

Num projeto como o Adote uma Criança, roupas, calçados e brinquedos são arrecadados entre os funcionários do hospital para serem doados a crianças carentes do bairro e entregues no Natal.

O projeto Material Escolar beneficia estudantes carentes do bairro. O material escolar é arrecadado em uma campanha realizada entre os funcionários e médicos do hospital.

Foco nos adultos

Há vários projetos que atuam na área de capacitação e empregabilidade, como a educação básica, que compreende a alfabetização de adultos.

Moradores do bairro participam de cursos de capacitação para a comunidade que o *hospital dos nossos sonhos* promove. As aulas são divididas por temas, e são orientadas por funcionários do hospital. Parte da mão de obra formada pode ser aproveitada na própria instituição ou em outros estabelecimentos da região.

Os *projetos de formação profissional* oferecem orientação à comunidade sobre diversos temas, por exemplo: como participar de entrevistas de emprego e montar um currículo; noções de controle de custos; cuidados com recém-nascidos e idosos, formando um cadastro de cuidadores que podem, por indicação, atender a demandas dos próprios pacientes do hospital. Outras modalidades de formação oferecidas são atendimento domiciliar, segurança, lavanderia, economia doméstica, nutrição e reciclagem de lixo.

Alguns desses projetos utilizam mão de obra especializada de voluntários da comunidade e dos funcionários do próprio hospital para capacitar jovens em áreas como jardinagem, cuidados pessoais (manicure, cabeleireiro), nutrição, entre outras. Artesãos ensinam a confeccionar velas, sabonetes, bonecas e também a trabalhar com tear de prego, com corte e costura, tricô, crochê, panificação, confeitaria, entre outros. Os itens resultantes desses trabalhos poderão ser comercializados e, dessa forma, contribuirão para o aumento da renda familiar.

No caso da jardinagem no hospital, além da formação dos adolescentes inscritos no projeto, o treinamento visa melhorar o aspecto físico das áreas ajardinadas do bairro. O jardineiro do hospital dedica algumas horas semanais de seu trabalho ao projeto de revitalização da jardinagem. Os menores recebem todas as orientações do profissional. Além de contribuir para melhorar o aspecto visual do bairro, eles terão a oportunidade de aprender uma profissão.

Durante todo o ano, há projetos que envolvem os adultos na criação de bazares e minifeiras de artesanato.

As campanhas de amamentação e de prevenção de acidentes, com palestras abertas ministradas pelos especialistas sobre os temas no hospital, há parcerias com entidades e serviços de outros hospitais. Os voluntários prestam, também, nessas campanhas, atendimento à comunidade, que vai desde corte de cabelo até aferição da pressão arterial e testes de glicemia.

Alguns projetos desenvolveram *centros de referência na saúde da mama*, que rastreiam o câncer de mama e têm como objetivo geral proporcionar um atendimento humanizado, detectar precocemente o câncer de mama e atuar nos fatores de risco, com o objetivo de reduzir a mortalidade de mulheres pela doença. Tais programas têm uma característica de atendimento completo e de alta resolubilidade na prevenção, no diagnóstico, no tratamento e na reabilitação de doenças da mama, com máxima eficiência.

As campanhas de distribuição de alimentos ocorrem normalmente junto com a confraternização de fim de ano. Essas campanhas arrecadam alimentos não perecíveis, doados a instituições beneficentes da comunidade. Esse tipo de iniciativa envolve toda a sociedade local, e normalmente várias toneladas de alimentos são arrecadadas.

O serviço de capelania hopitalar treina voluntários para o acompanhamento e o apoio psicológico a pacientes, principalmente àqueles acometidos por doenças graves e muitas vezes incuráveis. Para os pacientes em fase terminal de vida, há projetos que provêm de subsídio direto do Sistema Único de Saúde (SUS).

As palestras para a comunidade são frequentes. Os próprios especialistas alertam sobre temas como dengue, osteoporose, gravidez na adolescência entre outros.

O projeto Parceria com o Seu Bairro tem o objetivo de promover a saúde e contribuir para a melhoria da qualidade de vida das famílias de baixa renda do bairro. Ele atua com foco em áreas como *saúde preventiva* — ciclo regular de orientações, por meio de palestras e atividades em grupo que abordam temas como nutrição, higiene, sexualidade, educação e planejamento familiar.

Em parceria com o setor de cardiologia há cursos sobre doenças cardiovasculares para pessoas leigas e projetos como Os Amigos do Coração, que orientam sobre a saúde cardiovascular dos participantes. Os cursos de Doenças Cardiovasculares para Leigos realizam programas como o Fique por Dentro do Seu Coração, direcionados a leigos. A inscrição é gratuita, mas os participantes devem doar um quilo de alimento não perecível. A programação desse curso inclui temas como infarto agudo do miocárdio (IAM), prevenção de doenças cardiovasculares, acidente vascular cerebral (AVC), hipertensão arterial (pressão alta) e ressuscitação cardiorrespiratória. Esses projetos alertam a comunidade sobre a necessidade de prevenir doenças coronárias. Normalmente, equipes de médicos, enfermeiros e técnicos de enfermagem oferecem atendimento preventivo, orientações médicas e controle de pressão arterial e de índices de glicemia.

Durante a ação, são beneficiadas centenas de moradores da comunidade no entorno.

Há projetos nos quais nosso hospital arrecada alimentos em todas as ações, para o público leigo, como os cursos para gestantes. Alguns dos alimentos arrecadados são doados à comunidade por meio da política de troca de cupons — recebidos por trabalhos realizados pelos moradores carentes — por alimentos ou produtos de higiene, reformulando a prática da doação meramente assistencialista. Esses cursos abordam temas relativos à gravidez e ao parto, a partir de várias áreas do conhecimento médico, como ginecologia, anestesiologia e psicologia. As gestantes podem levar acompanhantes. O destaque é para a participação dos pais dos futuros bebês. As inscrições são gratuitas, mas pede-se que, na abertura do curso, os participantes doem uma lata de leite em pó, que é encaminhada para uma instituição beneficente.

Em nosso hospital o canto coral é estimulado. Funcionários e comunidade ensaiam e cantam nos corredores e na recepção. Trata-se de um esforço que é recompensado pela satisfação de ver os pacientes sorrindo com a arte da música, um grande prazer que encanta a todos. O objetivo principal desse projeto é levar, por meio da música, aconchego, paz de espírito e uma mensagem de esperança aos doentes e a seus familiares. Essa atividade tem seu ponto alto no mês de dezembro, por ocasião do Natal, porém, normalmente, os corais abrilhantam todos os eventos institucionais.

Há vários projetos, na época do Natal, realizados nas praças ou nas ruas do bairro. O espírito natalino toma conta de cada espaço, que é ornamentado e iluminado, encantando a todos que podem prestigiar o evento. Nesses momentos, todos têm a oportunidade de vivenciar o verdadeiro e contagiante espírito natalino, repleto de sonhos e esperanças. A chegada do Papai Noel é o ponto alto, sonho compartilhado por muitos adultos e crianças. Há ainda a apresentação de grupos de teatro formados por empregados de nosso hospital. O Natal faz parte dos projetos culturais do *hospital dos nossos sonhos*.

Entre os diversos projetos atualmente desenvolvidos, o hospital fez parcerias com rádio e TV, para produzir a série *Saúde do Cotidiano*. Por conta disso, é o primeiro hospital do país a gerar conteúdo de saúde para a televisão. A série *Saúde do Cotidiano* é veiculada mensalmente em um canal de TV e, em 10 episódios, levará para a população informações atualizadas sobre a prevenção das doenças, seu tratamento e orientações para melhorar a qualidade de vida. Os temas dos 10 episódios são:

- saúde e câncer;
- saúde e terceira idade;
- saúde alimentar;
- saúde e doenças crônicas;
- saúde e violência;
- saúde e vida moderna;
- saúde e infância;
- saúde e doenças cardiovasculares;
- saúde e sexualidade;
- saúde e meio ambiente.

Foco no meio ambiente

Várias campanhas, como Coleta Seletiva de Lixo e Reciclagem de Papel estão sendo desenvolvidas por nosso hospital.

A redução no consumo de água pretende conscientizar a população sobre a utilização racional desse precioso recurso. Nosso hospital investiu na instalação de redutores de vazão em todas as torneiras dos lavatórios, na monitoração diária dos volumes de água dos reservatórios e na manutenção preventiva. Para reduzir ainda mais o consumo de água, está se desenvolvendo estrutura para a instalação de sistemas de captação e filtragem da água pluvial, que pode reduzir em até 40% o consumo de água potável. Além de favorecer a economia e contribuir para o equilíbrio do meio ambiente, essas medidas promovem a conscientização dos colaboradores da instituição.

Ainda com base na sustentabilidade, outro projeto bem-sucedido que vem trazendo excelentes resultados é a Campanha do Óleo de Cozinha. Trata-se de um trabalho de conscientização que tem como objetivo introduzir a coleta seletiva do óleo de cozinha usado e esclarecer o maior número de pessoas em relação aos prejuízos que o material causa ao meio ambiente quando descartado de forma incorreta, como a impermeabilização do solo e a contaminação das águas.

Para essa campanha, o *hospital dos nossos sonhos* criou postos de coleta — onde são armazenadas as garrafas entregues pela comunidade. Nosso hospital produz material informativo com orientações para o descarte. Ele também firmou parceria com as cooperativas de catadores do material, que ficam responsáveis pelo recolhimento do óleo coletado e recebem a renda proveniente da coleta. No hospital, o óleo coletado é enviado a uma cooperativa sediada em São Paulo e signatária do Programa para Produção Limpa, da Organização das Nações Unidas (ONU), em Campinas (SP). A cooperativa produz biodiesel a partir do óleo arrecadado. Parafraseando o saudoso Herbert de Souza (Betinho), a responsabilidade social é decorrente do compromisso intrínseco às organizações.

Nas últimas décadas construiu-se uma noção mais ampla de responsabilidade nas organizações capitalistas, que enfatiza os valores dos *stakeholders* (*stake* = risco, participação ou interesse) e não apenas o retorno aos acionistas.

O envolvimento de todos nos programas de responsabilidade social estimula outros atores a aderirem a projetos patrocinados e coordenados pelas empresas, e voltados à comunidade e ao meio ambiente. Nesse sentido, nosso hospital sabe que uma empresa constrói modernamente sua marca ao relacionar-se com parceiros, relação na qual sua reputação ética está implícita.

Com o *hospital dos nossos sonhos*, pudemos demonstrar como o código de ética e de conduta pode ser posto em prática em uma organização de saúde e nas relações que essa organização estabelece com seus parceiros — o que nos leva ao conceito de governança corporativa, tema que passamos a discutir no capítulo seguinte.

3

Responsabilidade social corporativa

O capítulo que ora se inicia discute o conceito de governança corporativa em empresas de saúde. Trata-se de uma inovação na gestão corporativa, algo mais abrangente do que a inovação tecnológica ou a de produto. Esse é um modelo que gera prestígio e que valoriza as marcas corporativas, viabilizando o desenvolvimento de profissionais de primeira linha.

Imagem e reputação

Todos os funcionários têm condições de atuar em nome de uma empresa para construir e manter sua reputação positiva. Deve-se trabalhar com dois conceitos principais — imagem e reputação — para ampliar o conhecimento do público com relação à empresa.

- ❑ Imagem — resultante da percepção que o público tem de uma empresa; é constituída e administrada, em parte, pela organização.
- ❑ Reputação — resultante da comunicação dos valores e da identidade da empresa, refletidos sobre as relações com todos

os públicos; a organização cria meios para comunicá-la, mas não a controla.

As ações para a construção e a manutenção de imagem e reputação são constantes e acontecem, ao mesmo tempo, com diversos públicos. Em termos gerais, podemos dizer que a reputação é o estágio mais maduro da imagem. É para construir uma reputação (longo prazo) que iniciamos as primeiras ações no presente (curto prazo).

Em geral, a vocação das organizações de saúde envolve três temas: saúde, educação e meio ambiente. A área responsável pela comunicação da organização deve reunir informações e recursos suficientes para que qualquer funcionário esteja preparado para construir, no mercado, a reputação, ou seja, comunicar o que são essas empresas e como influenciam a comunidade em que estão inseridas.

Entre os principais públicos com os quais as organizações de saúde desenvolvem ações de construção e manutenção de reputação corporativa estão: governos, funcionários, profissionais de saúde, comunidade, associações, líderes de opinião e imprensa.

Responsabilidade social corporativa

A questão da globalização — num mundo onde desaparecem as fronteiras — vem marcando sua presença, com mudanças notáveis em termos de velocidade, e assombrando países, corporações e executivos. Trata-se de um fenômeno vigoroso e irreversível, permanente e provocador.Nesse momento, mais do que em outro qualquer, quando os mercados de capital estão em turbulência e volatilidade, os lastros de segurança das empresas estão calcados em sua reputação. Compram-se tecnologias e equipamentos, mas o prestígio que emana do conjunto de quesitos que compõem sua reputação é o que torna a companhia competitiva para atrair e reter talentos, bem como para manter o respeito da comunidade e a fidelidade dos clientes.

Percebemos o quanto a reputação de uma organização exerce influência sobre seu desempenho quando publicações jornalísticas sublinham em suas manchetes, com frequência, *as melhores organizações para se trabalhar*, *as marcas mais valiosas*, *as organizaçõess de maior prestígio* e também *as organizações mais admiradas*. Esse destaque é a qualificação do nível de percepção alcançado frente às demandas dos consumidores brasileiros, em diferentes aspectos de sua imagem e sustentabilidade social.

Imagem é algo que está cada vez mais associado à reputação e que vem sendo valorizada intensamente. A empresa Interbrand[1] divulga, anualmente, o valor das marcas mais famosas no mundo, considerando não somente o que uma determinada organização vende em produtos e serviços, mas o que a própria marca vale. A especialidade da Interbrand é compreender o valor financeiro de uma marca e aumentar o papel que ela desempenha na geração de impactos mensuráveis. Acredita-se que as marcas são ativos valiosos para as organizações e, quando colocadas no centro da estratégia de negócios, têm vocação para se tornarem globais.

Vamos explorar uma pouco mais a diferença entre a marca e o negócio. O valor da marca é resultado da composição dos ativos tangíveis e intangíveis da organização. Imóveis, equipamentos, estoques e bens em geral — ativos tangíveis — são facilmente contabilizados.

Mas como considerar os ativos intangíveis? Qualidade de serviços e produtos, nível de atendimento, grau de comunicação com os clientes e o mercado, capital humano e intelectual,

---

[1] Disponível em: <www.interbrand.com>. Acesso em: 18 nov. 2008.

princípios morais e éticos, responsabilidade social e governança corporativa. Cada vez mais, os ativos intangíveis representam parte significativa do valor total. Uma organização que vende sua imagem como "o melhor atendimento", por exemplo, precisa dar conta de realmente oferecer isso aos clientes. Do contrário, o valor da marca estará em risco. A indústria farmacêutica vem desenvolvendo programas vinculados diretamente aos seus produtos, com forte relação com a responsabilidade corporativa social. Na bolsa de valores, essas questões são levadas em conta. O investidor prefere as marcas fortes.

Já há alguns anos, iniciou-se uma tendência mundial de os investidores procurarem organizações socialmente responsáveis, sustentáveis e rentáveis, para nelas aplicarem seus recursos.[2] Tais aplicações, denominadas "investimentos socialmente responsáveis" (*socially responsible investment* — SRI), consideram que organizações sustentáveis geram valor para o acionista no longo prazo, pois estão mais preparadas para enfrentar riscos econômicos, sociais e ambientais. Essa demanda veio se fortalecendo ao longo do tempo, e hoje é amplamente atendida por vários instrumentos financeiros no mercado internacional. No Brasil, essa tendência já teve início, e há expectativa de que ela cresça e se consolide rapidamente. Atenta a isso, a Bovespa, em conjunto com várias instituições — Associação Brasileira das Entidades Fechadas de Previdência Complementar (Abrapp); Associação Nacional dos Bancos de Investimento (Anbid); Associação dos Analistas e Profissionais do Mercado de Capitais (Apimec); Instituto Brasileiro de Governança Corporativa (IBGC); International Finance Corporation (IFC), o braço financeiro do Banco Mundial para o setor privado; Instituto Ethos de Empresas e Responsabilidade Social (uma organização não governamental criada com a missão de mobilizar, sensibilizar

---

[2] Disponível em: <www.bovespa.com.br>. Acesso em: 18 nov. 2008.

e ajudar as empresas a gerirem seus negócios de forma socialmente responsável, tornando-as parceiras na construção de uma sociedade sustentável e justa); e Ministério do Meio Ambiente —, decidiu unir esforços para criar um índice de ações que seja um referencial para os investimentos socialmente responsáveis, o Índice de Sustentabilidade Empresarial (ISE), que completou 10 anos em 2014.

A seguir, alguns exemplos de pontos analisados para fazerem parte do ISE.

a) O compromisso com o desenvolvimento sustentável está formalmente inserido na estratégia da organização?
b) A organização possui compromisso formal em relação à (ao):
   - ❑ Erradicação do trabalho infantil?
   - ❑ Erradicação do trabalho forçado ou compulsório?
   - ❑ Combate à prática de discriminação em todas as suas formas?
   - ❑ Valorização da diversidade?
   - ❑ Prevenção do assédio moral e do assédio sexual?
   - ❑ Garantia da livre associação sindical e direito à negociação coletiva?

Nesse sentido, essas organizações formaram um conselho deliberativo presidido pela Bovespa, que é o órgão responsável pelo desenvolvimento do ISE. A bolsa é responsável pelo cálculo e pela gestão técnica do índice. O ISE tem por objetivo refletir o retorno de uma carteira composta por ações de organizações com reconhecido comprometimento com a responsabilidade social e a sustentabilidade organizacional, e também atuar como promotor das boas práticas no meio empresarial brasileiro.

O investidor prefere marcas fortes, e diversas estatísticas mostram a relação dessa característica com o desempenho acionário positivo: no acumulado de 30 de novembro de 2005 até 30 de setembro de 2008, as empresas ISE cresceram 24,54%, enquanto o Ibovespa (*Boletim Informativo BM&F Bovespa*, outubro de 2008) cresceu 16,73%. Ou seja, marcas que pertencem a esse índice possuem valorização de cerca de 20% a 30% acima da média do mercado.

Em organizações com marcas fortes, a marca e o negócio são aliados com demarcações tão próximas, que é muito difícil identificar a fronteira entre os dois. Em organizações como o Google ou a Starbucks, por exemplo, há um entendimento coletivo de que o negócio não existiria sem a marca. Isso delimita o núcleo da empresa e seu negócio principal. Em muitas dessas organizações, é vista uma evocação de paixão das pessoas servindo a um propósito maior.

Ao tratar de reputação social, destacamos alguns pontos fulcrais na discussão do tema no Brasil, tangenciando a organização hospitalar, entre os quais merecem comentários da Associação Brasileira de Empresas de Capital Aberto (Abrasca): propriedade, conselho fiscal e comitê de auditoria, prestação de contas, ética no relacionamento e valor das marcas corporativas.

Propriedade

As companhias, fechadas ou abertas, devem utilizar livre, criativa e eticamente todas as possibilidades legais de emissão de instrumentos financeiros. Sabe-se que o mercado de capitais irá precificar diferentemente os diversos instrumentos, assim como o próprio valor da organização.

Não há por que se ter uma visão dogmática a respeito de ações não votantes. A lei e as regras atuais da Bovespa abrem ao empresário um amplo leque de alternativas de instrumentos para captação de recursos de capital e de dívida de longo prazo. Cabe à empresa, em sua busca por uma estrutura de passivo mais adequada às suas características peculiares, negociar com os diversos segmentos do mercado — intermediários, investidores individuais e institucionais, administradores de recursos — e, com base nessa interação, eleger a forma de captar recursos que, em sua visão, maximizem o valor da companhia.

Entende-se que a missão do conselho de administração é proteger o patrimônio e maximizar o retorno do investimento dos acionistas sustentadamente, valorizando ainda mais o empreendimento. A associação entende por conselheiro independente aquele que:

❑ não tem qualquer vínculo com a organização, exceto participação no capital;

❑ não está oferecendo serviço ou produto à organização ou a alguma de suas coligadas e controladas, nem é empregado ou acionista/quotista de organização que o esteja;

❑ não tem relação de parentesco com executivo (diretor ou gerente) da organização, ou de suas coligadas e controladas;

❑ não recebe outra remuneração da organização além dos honorários de conselheiro e dividendos, se também for acionista.

A Abrasca entende que esse grau de independência dos membros do conselho, em um país onde praticamente todas as organizações têm acionistas controladores, é algo desejável, mas que deve ser considerado em termos relativos ao porte das empresas. Assim, as organizações pequenas e médias certamente terão conselhos com pequeno grau de independência em relação às suas administrações executivas, enquanto as maiores, em função de suas dimensões e da necessidade de competir globalmente, tenderão a, cada vez mais, separar as atividades do conselho das atividades executivas, contando, consequentemente, com conselhos muito mais independentes.

Os membros do conselho podem ser eleitos tanto pelo acionista controlador, quando houver, como pelos minoritários. O importante é que a maioria de tais conselheiros tenha grande ou total independência em relação à administração executiva, responsável pela gestão do dia a dia, de forma a poder monitorar seu desempenho e, se necessário, alterá-la. Ou seja, o ideal é que um conselheiro indicado e eleito pelo acionista controlador tenha o mesmo nível de isenção que um indicado e eleito pelos minoritários, no tocante a aferir o desempenho da administração executiva da sociedade.

A Abrasca lamenta o fato de que muitos conceitos "míopes" têm sido praticados no mercado. Desconsidera-se que, uma vez eleitos, os conselheiros têm dever de lealdade à empresa e a todos os seus acionistas, independentemente de quem os indicou e elegeu.

A responsabilidade social das organizações é tema de grande relevância nos principais centros da economia mundial. Nos Estados Unidos e na Europa, proliferam fundos de investimento formados por ações de organizações socialmente responsáveis.

Conselho fiscal e comitê de auditoria

São órgãos que têm a missão de fiscalizar os atos da diretoria executiva, principalmente no que se refere à transparência e à observância das normas legais e regulamentares por parte da organização. O conselho fiscal é uma instituição brasileira, cuja competência está definida na Lei nº 6.404/1976 (Lei das Sociedades Anônimas), criada com o objetivo de preencher uma lacuna na fiscalização das atividades da administração das organizações, funcionando como um controle independente para os acionistas, sejam eles majoritários ou minoritários.

Na área hospitalar, tecemos as mesmas considerações em relação ao *hospital dos nossos sonhos*, aquele ideal, cuja marca seria vista e imediatamente se pensaria: "se um dia eu precisar ser assistido, ou alguém muito próximo a mim, é aqui, é neste hospital que eu desejo receber os cuidados". No Brasil, vemos, a cada dia, o Banco Nacional de Desenvolvimento Econômico e Social (BNDES) trabalhando metodologias próprias de avaliação do capital intelectual (Oliveira, 2008). A proposta é criar um modelo que funcione como um demonstrativo complementar ao financeiro. Assim sendo, é possível ao BNDES atribuir uma nota de classificação de risco para a organização com base em inteligência, marcas, patentes, capital humano, sistemas de distribuição, base de clientes, tecnologia, design, transparência e governança corporativa.

Vamos calcar no conceito de governança corporativa o sistema de administração e de tomada de decisões que as organizações adotam. Esse conceito implica definir a forma como se devem relacionar os principais órgãos e centros de poder: acionistas, conselhos de administração e fiscal, administração executiva, comunidade de investidores, governos, empregados, fornecedores, entre outros. Já o conceito de transparência leva em conta a necessidade de a organização obter uma relação custo-benefício positiva. É a compensação pelo custo de se criar e de se manter um sistema de informações capaz de atender às diferentes necessidades e de ter acesso a capitais vitais para o desenvolvimento do hospital e, por consequência, para a maximização de seu valor — o valor da marca.

Analisemos dois exemplos do cotidiano, retirados da Abrasca.

❑ Relação custo-benefício positiva — uma organização de companhia aberta, operando em um setor intensivo de capital, por manter um nível adequado de transparência tem melhores possibilidades de levantar recursos não exigíveis e de crédito em longo prazo, em termos de custos mais baixos, prazos mais extensos, volumes maiores.

❑ Relação custo-benefício negativa — a divulgação extemporânea de determinados estudos e planos estratégicos pode levar os concorrentes a se posicionarem no processo competitivo, afetando o desenvolvimento da organização. Nesse caso, a organização deve limitar as informações sobre seus planos, até que estejam mais aprofundados e se tenham transformado em decisões irreversíveis, com consequências para seus *stakeholders* — necessidade de captação de recursos, contratação de novos funcionários, obtenção de licenças ambientais.

Prestação de contas (accountability)

Os diferentes órgãos da administração da organização — conselho de administração, diretoria executiva, conselho fiscal e auditoria independente — devem prestar contas de suas atividades. No caso da diretoria e da auditoria independente, essa prestação de contas deve ser feita ao conselho de administração, órgão que, em nome dos acionistas, os elegeu. No caso dos conselhos de administração e fiscal, ambos devem prestar contas a todos os acionistas e não a grupos de acionistas que porventura os tenham indicado na assembleia geral. O dever dos dois conselhos é de lealdade à organização e a todos os acionistas.

A prestação de contas pelos administradores — que é, em muitos casos, uma obrigação legal — não deixa de ser, entretanto, um princípio ético perante os direitos e os interesses dos diversos *stakeholders*. Por exemplo, escândalos como os da Enron e da Parmalat só ocorreram por falta de um nível de prestação de contas suficiente, não permitindo que os acionistas e as demais partes interessadas (*stakeholders*) pudessem agir no sentido de corrigir as más práticas de governança. O Sustanaibility Index, da NYSE (outro exemplo), enfatiza a necessidade de integração dos fatores econômicos, ambientais e sociais nas estratégias dos negócios da empresas. Normas e padrões certificáveis, relacionados especificamente ao tema da responsabilidade social, vêm ganhando crescente aceitação.

Face ao crescimento da responsabilidade social corporativa, principalmente na última década, termos como filantropia, empresa-cidadã, marketing social e outros aparecem com frequência quando o assunto é a ação social corporativa. Muitas vezes, esses termos são sobrepostos. A ética é a base da responsabilidade social e se expressa por princípios e valores adotados pela organização. Assim, o *hospital dos nossos sonhos* sabe que não se pode falar em responsabilidade social sem ética nos negócios.

Ética no relacionamento

De acordo com Osterberg (1993:75):

> O atual sistema econômico é um sistema de consumo. Ele toma mais do que dá. Consome e explora os seres humanos onde quer que se achem na hierarquia. Consome e explora, ao extremo, os recursos do planeta, especialmente nos países do terceiro mundo. [...] há sinais de que a nova economia será mais equilibrada, fundada antes em gerar que em consumir. Terá por alicerce a nova consciência e, sobretudo, o conceito de que todas as partes da criação, seres vivos ou matéria "morta", estão intimamente relacionadas umas com as outras.

O *hospital dos nossos sonhos* tem consciência de que vivemos na era do foco no cliente, e como você já sabe as questões éticas são cruciais no relacionamento entre as pessoas. As escolhas que os clientes fazem ao consumirem produtos e serviços consideram atributos imateriais. Os intangíveis, mais do que quaisquer outros atributos, garantem vantagens competitivas sustentáveis e estratégicas à perenidade da organização. Ao colaborar para distribuir melhor as riquezas que produz — diminuindo a desigualdade social, que é a verdadeira ferida ética —, o *hospital dos nossos sonhos* constrói para si um diferencial. Neste momento de crise financeira que abala o mundo, a atual política econômica, caracterizada pelo consumo em larga escala e voltada unicamente para o lucro e o crescimento das riquezas privadas — em detrimento da conservação e da administração consciente dos recursos públicos —, fez emergir a consciência global sobre: o prejuízo aos bens públicos no lugar da preocupação com água potável, terra arável e florestas renováveis; a deterioração ambiental; a concentração de substâncias tóxicas; e as mudanças climáticas, todos provocados pelo homem.

Valor das marcas corporativas

A reputação social das organizações influencia suas marcas corporativas, uma vez que a imagem é algo que está cada vez mais associado à reputação e que vem sendo cada vez mais valorizado. Hoje, não se pode falar em responsabilidade social sem ética nos negócios.

Os ativos intangíveis vêm sendo cada vez mais fortalecidos pelas organizações, e as marcas, hoje, são ativos valiosos para as organizações. O fortalecimento dos ativos intangíveis busca o caminho da lealdade do cliente, que, podemos dizer, segue um trilho de atitudes, desde a baixa até a extrema lealdade. Um modelo desenvolvido pela MillwardBrown & BrandAnalytic (2008) mostra uma pirâmide de evolução dessa busca (figura 1).

Figura 1
ESTÁGIOS PELOS QUAIS OS CLIENTES PASSAM ANTES DE CHEGAR À LEALDADE

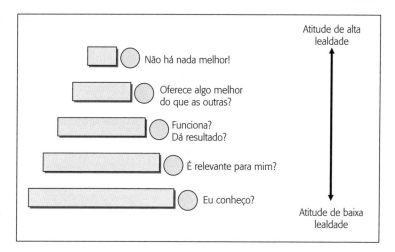

Vemos que as grandes organizações de saúde preocupam-se em associar algo a mais à sua imagem. No *hospital dos nossos sonhos*, buscaremos estabelecer uma imagem que crie um atrativo tão forte, que os clientes pensarão nessa organização quando precisarem buscar alívio.

- Você acredita que os serviços serão o diferencial do futuro?
- Elabore uma lista de serviços e produtos que uma instituição de saúde "dos nossos sonhos" deva oferecer para ser reconhecida como a organização mais admirada na área em que atua.

Vamos lembrar que o sistema de saúde ideal é aquele cujas diretrizes são emanadas das necessidades dos cidadãos, sendo estes os seus gerenciadores, com a devida participação técnico-operacional e consultiva dos profissionais da área de saúde, e com o papel fundamental do governo como facilitador e financiador. Caminhamos para um futuro em que o indivíduo participa cada vez mais das decisões sobre seu bem-estar e, dessa forma, decide quando e como buscar um serviço ou um profissional de saúde.

Quadro 3
DA RESPONSABILIDADE PASSIVA PARA A ATIVA

Dimensão	Passiva (legal)	Ativa (moral)
Honestidade	Respeito sem mentir Correto literalmente	A verdade completa Verdadeiro por essência
Transparência e divulgação	Necessidade de saber Divulgação sobre a conformidade	Direito de saber Transparência completa
Demonstração e engajamento	Informações exclusivas/ restritas ao momento	Engajamento inclusivo, amplamente definido
Respeito	Motivado pela conformidade Mensagens conforme o momento	Prestação de contas Mensagens claras e consistentes

Além disso, é importante considerar que, em um futuro próximo, as organizações navegarão da responsabilidade organizacional passiva à responsabilidade ativa (Elkington, 2006), como mostra o quadro 3.

Lealdade e imagem: reflexos no desempenho de empresas

A intensa busca por melhorar a produtividade das organizações encontra um grande aliado de retorno de investimento quando a imagem de uma organização tem destaque entre as demais. Atualmente a imagem de algumas organizações tem um valor financeiro maior do que os próprios produtos ou serviços oferecidos a seus clientes.

Estudo conduzido pela Market Analysis[3] ouviu a opinião de consumidores a respeito da confiança que depositam em uma corporação e da estreita relação desse fato com a figura de seu *chief executive officer* (CEO). O resultado foi bom para o Brasil. O estudo constatou que nove em cada 10 brasileiros têm maior respeito por uma organização quando seu presidente fala abertamente em favor de ações de responsabilidade social e ambiental. Segundo a pesquisa, esse fator é considerado importante nas decisões não só de investidores, mas também de consumidores.

Outro estudo desse mesmo instituto de pesquisa apresenta os resultados do levantamento que aponta as 10 melhores e as 10 piores organizações em responsabilidade social atuantes no país. O estudo reforça a preocupação dos brasileiros com o tema e a atenção dada aos fatores que envolvem o ramo de atuação das organizações. Atualmente, a grande discussão nos meios de comunicação focaliza não somente como as organizações demonstram seus resultados financeiros, mas também como geram suas receitas. Essa discussão torna o consumidor brasileiro cada vez mais atento e exigente diante do mundo corporativo. A sociedade reage rapidamente às informações que circulam sobre as organizações e, nesse sentido, reputação e valor de mercado das organizações podem crescer rapidamente ou "cair no abismo" com a mesma velocidade.

Na área de saúde, a crescente discussão sobre ética e responsabilidade social tem gerado um cuidado evidente com a imagem das organizações e, principalmente, com a imagem de seus funcionários. Muitos hospitais públicos e privados, clínicas médicas, planos de saúde, consultórios particulares têm desenvolvido vários programas em prol da imagem, para conhecer melhor seu cliente, superar suas expectativas e gerar fidelização.

---

[3] Disponível em: <www.administradores.com.br/noticias/_postura_do_ceo_reforca_imagem_das_empresas/12863>. Acesso em: 18 nov. 2008.

Todos na cadeia organizacional dessas organizações devem estar comprometidos com a busca da melhor imagem para sua empresa e com a busca da lealdade por seus clientes. Isso significa a busca de satisfação das necessidades do indivíduo, que é impactado por forças convergentes ao seu alcance[4] (figura 2).

Figura 2
FORÇAS CONVERGENTES QUE INFLUENCIAM O INDIVÍDUO

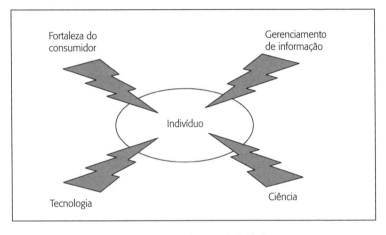

Fonte: adaptado de IBM. Pharma 2005. Marketing to individual, p. 4.

Muitas atitudes dos pacientes estão mudando, e é preciso entender os fatores que geram essas mudanças. O crescimento da influência dos meios de comunicação proporciona um ambiente favorável ao acesso à informação — como a internet, os jornais, as revistas especializadas, os serviços de telemarketing, os programas de fidelização, o marketing de relacionamento —, tornando os pacientes mais interessados em seu tratamento médico.

---

[4] Adaptado de IBM report. Pharma 2005. Marketing to the individual, p. 4.

Segundo um estudo realizado por Santos (2001), sobre os possíveis cenários que impactam o futuro das indústrias farmacêuticas e das instituições de saúde, a força do consumidor, o gerenciamento da informação, a tecnologia e a ciência facilitam a criação de um ambiente fertilizado, onde todos irão focalizar apenas um objetivo: o indivíduo. Esse ambiente deverá ser interativo, informativo, imediato e integrado. Assim, no futuro, a internet será o grande agente de comunicação, quando o gerenciamento da saúde deverá passar por um contexto automatizado, fazendo uso completo de arquivos médicos eletrônicos, protocolos personalizados de tratamento. E, num cenário pouco distante de hoje, com o avanço da ciência e da tecnologia, teremos os atendimentos médicos totalmente personalizados, respeitando as características individuais de cada paciente.

Um dos fatores-chave do sucesso para o gerenciamento da saúde individual é o uso eletrônico dos arquivos médicos — arquivos personalizados, automatizados, atualizados, com cada doença apresentada pelos pacientes, cada acidente sofrido, tratamento realizado, reações adversas acontecidas, adicionado ao perfil genético e ao histórico familiar de cada indivíduo. Como o ambiente da tecnologia da comunicação — internet e redes de alta velocidade — atravessa o mundo junto com a globalização, o arquivo médico eletrônico deve auxiliar fortemente os padrões médicos de tratamento, pois é possível realizar vários cruzamentos de dados para análise de diagnósticos e possibilidades de maior sucesso para iniciar um tratamento. No futuro, esses arquivos eletrônicos podem fornecer mais do que uma forma conveniente de disseminar informação. Todo esse aparato pode resultar na verdadeira medicina individualizada baseada em evidências. Os avanços científicos e a tecnologia moderna podem produzir o melhor entendimento da saúde do indivíduo, enquanto o poder dos consumidores e o aumento de acesso à informação irão garantir uma larga distribuição do conhecimento.

A lealdade no hospital dos nossos sonhos

Os funcionários vislumbram uma nova era, na qual a imagem do passado glorioso da organização retorna. Por vários anos, ela havia sido referência na rede hospitalar do país — o antigo esplendor voltaria a ocorrer! A imagem da organização exibe modelos de gestão que são referência no mercado. Metas empresariais convivem com o capital intelectual e a satisfação dos clientes, justamente por essa capacidade de reinvenção da empresa, que olha as diversas situações por ângulos diferentes.

Sabemos que a rede hospitalar representa o sistema macro de vários serviços e sistemas de saúde, e que a responsabilidade social trouxe o conceito da inclusão de todos em torno de um objetivo comum. O segredo, em muitas empresas consiste em acreditar que a solução é possível, que está "dentro de casa" e que é perfeitamente exequível, desde que haja transparência e boa comunicação.

Em outras palavras, aprendemos a obter bons resultados graças a iniciativas de cunho social. Como nos diz Laszlo (2008: viii), no prefácio de *Valor sustentável*:

> trata-se na realidade de obter melhores resultados por meio dessas iniciativas. Não se trata mais de somente fazer negócios com a responsabilidade social, e sim de ver os desafios sociais e de sustentabilidade como oportunidades para inovação [...]

A transparência dos projetos sociais faz com que as organizações, além de migrarem para a responsabilidade corporativa, migrem também para a inovação social.

Quando uma pessoa se encontra em plena condição de saúde, então parece que tudo está bem. Os incômodos do dia a dia são totalmente gerenciáveis e controlados automaticamente pela sua capacidade de superar qualquer desafio. Quando, por outro lado, nos tornamos "pacientes" em um consultório médico, clínica médica ou hospital, nossa sensibilidade aumenta. Estamos em busca do alívio. Alívio para nós e para as pessoas que, ao nosso lado, vivem as mesmas experiências negativas.

Por outro lado, vemos a equipe médica que atende os pacientes e seus acompanhantes nessa mesma busca pelo alívio. Esses profissionais procuram dar o conforto psicológico e clínico que podem para satisfazer a necessidade primária dos pacientes. Em algumas oportunidades, os pacientes podem escolher com quem buscar esse alívio, mas nem sempre isso é possível, dependendo da gravidade da enfermidade ou do acidente súbito acontecido. Algumas vezes, os amigos, a família e os acompanhantes decidem qual é o lugar para onde o paciente deve ser levado, mas, em casos de ocorrências acidentais ou que envolvem armas de fogo, o poder público torna-se responsável por decidir qual é o lugar adequado para tratar o paciente.

O significado de alívio, que é o primeiro sentimento de nosso cliente primário — o paciente —, é fundamental. Avaliando a definição de alívio, vemos que o paciente procura um lugar onde encontre segurança, competência e solução para seu diagnóstico. Mas esses valores também estão ligados à higiene e ao atendimento, fatores capturados por percepção visual.

Além do paciente, é importante que o *hospital dos nossos sonhos* seja visto pelo mercado como uma das mais reconhecidas e conceituadas instituições hospitalares do país, da região e globalmente. Enfim, uma organização pioneira e atualizada em alta tecnologia, referência em tratamentos, utilizando tecnologia de ponta e atendimento humanizado, e, ao mesmo tempo, expandindo suas fronteiras por meio de ações de responsabilidade social e de atividades de ensino e pesquisa, contribuindo para uma sociedade mais justa.

A busca incessante da excelência na assistência à saúde deve garantir posição de vanguarda à organização. O patamar de excelência mantido pela organização deve ser plenamente reconhecido por médicos, pacientes, entidades do setor e por toda a sociedade. Essa excelência, resultado de um conjunto de ações estratégicas, gerará a lealdade necessária à perenidade organizacional.

Estes são fatores importantes para a imagem do *hospital dos nossos sonhos*:

❏ excelência na assistência à saúde;
❏ ética empresarial e responsabilidade social;
❏ sustentabilidade empresarial;
❏ criação e difusão do conhecimento;
❏ busca da inovação.

A chave para o sucesso do hospital dos nossos sonhos: *lealdade, mais que satisfação*

Perguntando para uma sobrevivente de câncer sob tratamento intensivo, após o diagnóstico de câncer do seio, a respeito da instituição em que se tratou, ela não hesita em indicar o hospital e também os profissionais de saúde da equipe de suporte. Ela enaltece alguns serviços que foram fundamentais para o sucesso de seu tratamento — plano de tratamento personalizado, médicos que retornam suas ligações dentro de uma hora, rotina de transporte de ida e volta às sessões de quimioterapia.

Para hospitais, clínicas e consultórios, a lealdade dos pacientes se tem tornado cada vez mais importante, pois muitos clientes estão buscando uma melhor relação custo-benefício, e as recomendações de amigos e da família tornam-se cada vez mais influentes na decisão final. Os pacientes querem mais do que um ambiente estéril e atendentes impessoais. Eles demandam mais participação ativa em seus tratamentos.

Lealdade é um conceito-chave e, por vezes, intangível para o crescimento sustentável das empresas de saúde. No entanto, grande parte delas esbarra já no desafio de conceituar a lealdade. Não sabem se seus clientes buscam seus produtos e serviços porque de fato são leais à marca, por inércia, ou por ignorância em relação às alternativas disponíveis no mercado. As poucas empresas de saúde preocupadas com essa questão em geral fazem pesquisas de mercado que não chegam à essência do problema. São pesquisas simplistas, que não fazem as perguntas corretas, ou com questionários excessivamente longos e complexos, que obtêm baixas taxas de resposta e resultados ambíguos. A maioria das pesquisas são amostras que não refletem o querer, as necessidades e os desapontamentos dos clientes dos serviços de saúde.

Buscando o hospital dos nossos sonhos

Quando você elabora um questionário para um paciente, você sabe exatamente o que quer descobrir? Você elabora planos de ação por meio da análise das respostas? Que perguntas você faria para medir a satisfação dos clientes de seu hospital?

Afinal, pergunta-se ao paciente: você sempre consulta o mesmo médico? Você pede uma segunda opinião médica para a mesma queixa?

Coloque-se no lugar do paciente e reflita sobre este tema.

Alguns hospitais e clínicas têm adotado uma forma diferente de capturar as informações essenciais de seus clientes, buscando a raiz fundamental de sua lealdade e não somente de sua satisfação. Um dos mais efetivos mecanismos de criar uma cultura voltada à lealdade do cliente tem sido o Net Promoter

Score — NPS™ (Reichheld, 2006), que é radicalmente simples. O NPS™ baseia-se em uma pergunta simples: como você recomendaria essa empresa ou esses produtos/serviços a um amigo ou colega? Essa não é a pergunta exata para todas as indústrias, mas é particularmente pertinente para os serviços de saúde, dado o alto nível emotivo que envolve os cuidados para com a saúde de um paciente.

Os clientes alocam suas respostas em uma escala de 0 a 10, e podem ser classificados como:

❏ *promotores* — com notas 9 e 10: apresentam os maiores índices de retorno aos serviços do hospital, bem como os maiores índices de recomendação;
❏ *passivos* — com notas 7 e 8: não demonstram grande entusiasmo, podendo ser atraídos pelos concorrentes;
❏ *detratores* — com notas 6 e abaixo: mantêm relacionamento tenso e difícil.

O NPS™ é a diferença entre o percentual de clientes promotores e o percentual de clientes detratores. A figura 3 (Santos, 2001) ilustra o posicionamento na escala das recomendações de cada tipo de cliente.

Figura 3
ESCALA DE RECOMENDAÇÕES POR TIPO DE CLIENTE

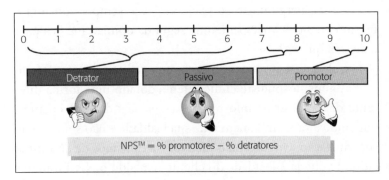

Em relação ao *hospital dos nossos sonhos*, pense na questão a seguir.

> Em uma escala de 0 a 10, você recomendaria nossa organização de saúde a um amigo ou a um membro da família?

O valor de NPS™ fornece uma base numérica para que o hospital possa acompanhar a evolução da lealdade dos pacientes. Adicionalmente, também é feita uma segunda pergunta qualitativa ao paciente, direcionada aos três perfis identificados com a primeira pergunta:

❏ *promotores* — especificamente, o que você recomenda?
❏ *passivos* — o que é necessário para termos nota 10?
❏ *detratores* — quais as principais razões para essa nota?

A figura 4 (Santos, 2001) mostra uma série de atributos (eventos) que ocorrem durante a estada, num hospital, de um paciente que, por exemplo, passou por um procedimento cirúrgico.

Figura 4
ATRIBUTOS QUE INFLUENCIAM OS PACIENTES DURANTE SUA ESTADA NO HOSPITAL DOS NOSSOS SONHOS

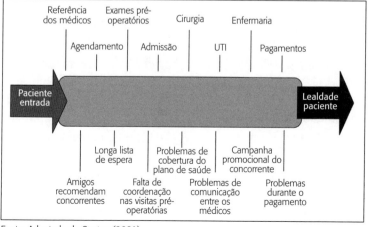

Fonte: Adaptado de Santos (2001).

Vê-se que vários desses atributos são puramente dependentes do estado emocional do paciente e de seu acompanhante. Por vezes esse estado emocional influencia sua opinião. Isso ocorre muito comumente, pois, em virtude da fragilidade do paciente em determinados momentos de sua estada no hospital ou na clínica, ele solicita a opinião de seu acompanhante sobre algum atributo que lhe cause incerteza em relação à identificação — ou explicação — da razão pela qual se sente incomodado. Por exemplo, após uma cirurgia, o paciente, ainda sob cuidados, preocupa-se com o modo como é tratado no momento da recuperação, se é bem-atendido quando necessita ir ao banheiro, ou se a enfermagem atende prontamente ao seu chamado para aumentar a dose de analgésico, quando a dor causada pela cirurgia o está incomodando.

Compreender como o paciente se sente significa buscar a informação do ponto de vista do cliente, o que em si só já caracteriza uma inovação. Nesse aspecto, estamos falando da inovação na gestão corporativa, algo mais abrangente do que a inovação tecnológica ou a de produto (Sawheney, Wolcott e Arroniz, 2007). A inovação corporativa é a criação de um novo valor consistente tanto para o cliente quanto para a organização, por meio da alteração criativa.

Alguns hospitais têm adotado as lições aprendidas da análise da recomendação para se dirigir a empresa de saúde com o foco voltado para o paciente. Na área de saúde — mais do que em outras áreas —, acredita-se que a lealdade tem duas dimensões: a cabeça e o coração. Essas duas dimensões requerem a consideração das preocupações práticas do paciente — qualidade dos cuidados com a saúde, instalações e preço — e das preocupações de fundo emocional — qualidade do tratamento humano recebido, respeito e compaixão, comunicação, responsividade.

Pensemos mais detidamente sobre esse aspecto.

Cite exemplos de perguntas motivadas pelo racional do paciente.

> E quais seriam as preocupações motivadas pelo seu emocional?

Ao elaborar as perguntas, pense também nas possíveis respostas, para que você avalie a consistência do questionário.

É muito importante entender que atributos são cruciais à avaliação do paciente durante sua estada na organização de saúde e, então, ser capaz de aprofundar esse conhecimento, compreendendo o comportamento e as circunstâncias que influenciam os momentos de impacto.

A análise da experiência do paciente é uma ferramenta valiosa na medida em que desenha um novo formato cultural no hospital, explorando as duas dimensões da lealdade. Essa análise pode ser feita em tempo real, permitindo que os funcionários possam agir rapidamente com base nas lições advindas dos pacientes. Na figura 5 (Santos, 2001) temos um exemplo dos resultados da segunda pergunta feita aos promotores e detratores identificados na pesquisa anterior.

Figura 5
EXPERIÊNCIA EMOCIONAL: ELEMENTO-CHAVE DE DESEJO PARA O PACIENTE RECOMENDAR UMA EXPERIÊNCIA VALIOSA EM UM HOSPITAL

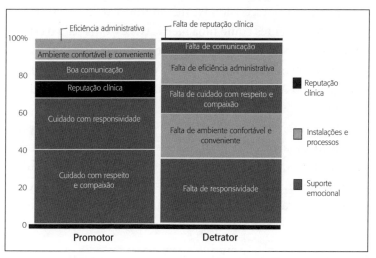

Fonte: Santos (2001).

Para vermos, na prática, como utilizar a potência da análise das experiências dos pacientes na criação do *hospital dos nossos sonhos*, analisemos alguns casos de empresas de saúde que usaram essa metodologia como ponto de partida para construir a lealdade de seus clientes e o tratamento dos sonhos.

Lições para o hospital dos nossos sonhos

O primeiro passo para transformar detratores em promotores é entender o que mais aborrece os pacientes. Dessa forma podemos oferecer-lhes as melhores experiências no *hospital dos nossos sonhos*. Para tanto, observemos duas boas práticas a serem replicadas em nosso hospital: a do Ascension Health e a do Centro de Tratamento de Câncer das Américas.

Ascension Health[5] é uma das maiores organizações de cuidados com a saúde sem fins lucrativos, que envolve uma rede de hospitais dos Estados Unidos com mais de 106 mil associados, que totalizam 16.802 leitos. Essa organização está trabalhando para identificar quais atributos levam os pacientes a terem as melhores experiências.

Em 2006, o Ascension Health adotou a análise das experiências dos pacientes como uma métrica de escolha para o estudo de seu desempenho e para a busca de melhoria. Essa análise foi o elemento central para a criação de um plano em longo prazo, que ajudou o Ascension Health a criar uma cultura dirigida ao paciente.

Para entender o que o cliente valoriza, o Ascension Health conduziu uma extensa pesquisa e entrevistou mais de 1.800 pacientes. O objetivo era entender a lealdade do paciente. A informação revelava que os pacientes tinham expectativas e necessidades para os aspectos clínicos, ambientais e emocionais em

---

[5] Disponível em: <www.ascensionhealth.org/>. Acesso em: 18 nov. 2008.

suas experiências no hospital. Mais tarde os resultados mostraram, também, que o emocional era o aspecto em que o hospital poderia distinguir-se e criar promotores reais. Especificamente, os cuidados com a responsividade e com a compaixão transformavam pacientes em promotores, enquanto a percepção do desrespeito e do tratamento não responsivo criava detratores.

Esse procedimento de análise transformou a experiência de um paciente diagnosticado com diabetes tipo 2 em um caso-exemplo. Assim que o paciente foi atendido, foi-lhe aplicada a breve pesquisa, a qual solicitava que ele atribuísse uma nota à sua experiência no hospital. A nota foi 5, numa escala de 0 a 10. A enfermeira-chefe imediatamente foi comunicada e identificou, nas respostas do paciente, que, apesar de seu diagnóstico e das instruções recebidas sobre a alimentação, ele ainda tinha dúvidas sobre o que poderia comer no hospital e depois, ao voltar para casa. Ela buscou uma nutricionista que, conversando com o paciente, elaborou, juntamente com ele, algumas alternativas ao cardápio oferecido. Após a alta do paciente, ele respondeu novamente à pesquisa, e a nota aferida saltou para 10.

A consulta à nutricionista é um dos vários pontos considerados durante a estada no hospital. Além dela, o tempo de espera, o agendamento, os exames, os testes, o pagamento, os problemas com o plano de saúde e a comunicação com os médicos moldam a experiência do paciente. O desafio está em estabelecer quais os pontos mais críticos, que diferenciam os tipos de clientes do hospital. Por exemplo, o Ascension Health detectou que o respeito era especialmente importante para os menos favorecidos em relação à educação, para os pacientes pobres e para os que sofriam frequentes reinternações. Um maior percentual de homens e idosos apontava a compaixão como o atributo mais importante, enquanto aqueles de nível educacional mais elevado e pacientes jovens diziam que ser bem-informando era fundamental.

Identificar os pontos críticos e criar um grupo de promotores leais requer uma organização altamente focalizada. As organizações necessitam de ferramentas corretas e de um processo de gerenciamento para criar mais promotores e diminuir o número de detratores. Para isso é preciso alinhar as práticas que permitem que a organização recrute, treine e recompense empregados que proporcionem a melhor experiência aos clientes, e delegar autonomia aos funcionários da linha de frente para resolver os problemas apontados pelos detratores. Essa também é uma parte crítica da equação.

A atuação do Ascension Health tem oferecido, consistentemente, uma experiência excepcional ao paciente. Essa nova visão tem sido refinada no hospital St. Joseph, em Kokomo, estado de Indiana, nos Estados Unidos. O St. Joseph tem um alto nível de satisfação, mas deseja crescer mais para atingir um desempenho ainda maior por meio de seu programa Paciente Primeiro. Os pacientes respondem a uma pesquisa logo após passarem pelo médico, e depois, após sua alta. Isso permite que a equipe de profissionais de saúde possa reagir às preocupações dos pacientes em tempo real. Os funcionários participam de sessões de treinamento para identificar as necessidades emocionais dos pacientes. Adicionalmente, os funcionários da linha de frente são capacitados para colocar as necessidades do paciente em primeiro lugar, para resolver os problemas — um passo crítico no programa Paciente Primeiro.

Mais uma peça para o *hospital dos nossos sonhos* é o exemplo que temos do Centro de Tratamento de Câncer das Américas (Cancer Treatment Centers of America — CTCA),[6] que nos oferece uma experiência do cliente que se traduz em crescimento do hospital de forma ética e responsável. Desde sua inauguração, o CTCA baseou sua trajetória no que eles chamam de "medicina

---

[6] Disponível em: <www.cancercenter.com/>. Acesso em: 18 nov. 2008.

potencializada pelo paciente". Considerado como um modelo não tradicional, algumas atitudes do CTCA agora são adotadas por vários hospitais de grande porte. No CTCA os pacientes têm um plano de tratamento personalizado, exames laboratoriais rápidos e precisos, e um plano de transporte para as sessões de quimioterapia, terapia do humor, massagens e comida orgânica. A lealdade dos pacientes tem potencializado o crescimento, que é o ponto de referência para os grandes hospitais — crescimento de mais de 10% ao ano nos últimos cinco anos, competindo em um mercado maduro. O CTCA também incorporou a pesquisa de lealdade para entender melhor a opinião e os desejos dos clientes, e, com isso, vem mantendo um alto crescimento e expandindo o número de seus centros de tratamentos holísticos.

O CTCA tem seguido quatro princípios fundamentais para planejar suas ações e para manter a organização voltada ao paciente:

❑ analisar a opinião do cliente em tempo real — os dados obtidos com as pesquisas são suficientemente claros para que a equipe de frente possa tomar melhores decisões e promover melhores experiências aos clientes. Adicionalmente aos questionários de satisfação, tanto na admissão quanto na alta de cada sessão de tratamento, os pacientes também participam semanalmente de grupos de discussão com os gerentes de vários departamentos do hospital;

❑ incentivar as pessoas certas para o acompanhamento — o hospital tem um sistema operante que faz com que os problemas apontados pelos pacientes não sejam ignorados ou caiam nas fendas da burocracia. Todo paciente recebe uma chamada de retorno após sua estada, logo após a análise de suas respostas às perguntas feitas sobre sua experiência no hospital. Além disso, os médicos encontram-se três vezes por semana para discutir as preocupações levantadas pelos pacientes e agir sobre elas. Finalmente, a reunião de diretores começa com o momento Voz do Paciente, quando uma apresentação sobre as experiências únicas dos pacientes é feita. Se a apresentação levanta um problema ou uma preocupação séria, a reunião não continua enquanto não se encontra para eles uma solução;

❑ treinar os funcionários para deliberar sobre os cuidados orientados ao paciente — a cada passo do processo de contratação e treinamento, o CTCA mantém o foco na criação de uma cultura de prática da medicina com os cuidados orientados ao paciente. Isso significa dar aos funcionários as habilidades e as ferramentas adequadas e de que eles precisam. Todos os novos candidatos passam por uma pesquisa e são analisados para se ter certeza de que eles terão as atitudes necessárias à manutenção da cultura do CTCA. As entrevistas de trabalho são realizadas por uma equipe de pessoas de dentro do departamento interessado, e também por funcionários de outros departamentos com os quais sua interação será constante. Uma vez admitidos, todos os funcionários são conduzidos para alguns dias de orientação, por meio de um inovador programa intradepartamental que visa melhorar o entendimento do paciente pelo funcionário no que diz respeito às regras vitais e diferentes que devem ser seguidas para criar uma experiência hospitalar agradável, capaz de transformar os pacientes em leais promotores;

❑ medir frequentemente — são necessárias medições constantes das experiências dos pacientes por meio das pesquisas conduzidas a cada dia, durante todo o ano. Caso essas experiências sejam medidas apenas uma vez ao ano ou a cada trimestre, ninguém irá prestar atenção em seus resultados, exceto quando eles aparecerem de forma muito relevante. Além disso, quanto mais frequentemente os resultados aparecem, mais chances existem para se tentarem novas ações que melhorem os resultados. O CTCA constantemente procura por retroalimentação nos vários canais de comunicação com os pacientes. Pacientes com reinternação respondem à pesquisa a cada 60 dias. Adicionalmente, o CTCA reconhece que existe uma conexão muito estreita entre a lealdade dos funcionários e a lealdade do paciente, e isso se reflete em uma pesquisa anual com os funcionários. Cada gerente sênior revisa as pesquisas respondidas pelos funcionários cuidadosamente, para ter certeza de que todos os resultados são relevantes. Além disso, esses gerentes regularmente participam de mesas-redondas com pacientes, para sentir suas reações e ouvir suas sugestões. Para saber se os problemas foram efetivamente resolvidos, os gerentes perguntam aos pacientes: "Se você já reportou previamente qualquer preocupação ou problema, você ficou satisfeito com a solução?".

Essa dinâmica permite que os gerentes possam identificar quais departamentos estão fazendo um melhor trabalho, transformando clientes em promotores. Permite, também, recompensar os funcionários que se destaquem em um processo desafiador nos hospitais onde pequenas equipes cuidam de cada paciente. O CTCA resolveu essa questão com um sistema de monitoramento que registra quais departamentos e qual funcionário de cada departamento cuidou e tocou o sentimento de cada paciente. Isso permite apontar que equipe de oncologia, por exemplo, está gerando os mais entusiasmados pacientes e promotores. Uma vez que ter boas referências é um indicador do sucesso de uma equipe hospitalar, as observações de mérito são tomadas com extrema cautela e observadas com olhos críticos, de tal forma que as reais boas práticas sejam replicadas para outros médicos e para os vários centros de tratamento dos mais diversos tipos de pacientes.

Formação de profissionais de primeira linha

Para as grandes instituições hospitalares, a excelência no atendimento ao paciente é também resultado das competências e das qualificações da organização, assim como das de seu corpo clínico (Grupemef, 2008). Para tornar cada vez mais forte a parceria entre médicos e instituição, o *hospital dos nossos sonhos* mantém um programa de relacionamento com o corpo clínico, para reconhecer o envolvimento e as contribuições desses profissionais de excelência na prática médica para a pesquisa e para o atendimento à comunidade.

Um programa de relacionamento deve envolver alguns pontos-chave:

- ❏ programa de educação médica continuada — conjunto de atividades educacionais que servem para manter, desenvolver e aumentar o conhecimento, as habilidades, o desempenho e o relacionamento profissional de um médico ao prover serviços para seus pacientes, para o público ou para a profissão;
- ❏ fóruns interdisciplinares — reunião de médicos e profissionais das mais diversas áreas do hospital, para a discussão de temas de interesse;
- ❏ treinamentos institucionais — relacionados com o atendimento ao cliente, com técnicas de comunicação, com trabalho em equipe e com relacionamento interpessoal;
- ❏ encontros de melhores práticas — intensificação da comunicação e da troca de ideias, a fim de promover um alinhamento de todos com os objetivos e com a discussão das melhores práticas em uma área específica.

O *hospital dos nossos sonhos* tem, como missão, gerar e transmitir conhecimento com excelência de qualidade. Deve ser capaz de realizar pesquisas científicas de vanguarda, promover um amplo rol de atividades educacionais e manter parcerias com os mais renovados e conceituados centros de medicina no mundo. Deve estar capacitado para o planejamento, a coordenação e a execução de estudos clínicos e epidemiológicos nas mais diversas áreas, como: infectologia, hematologia, gastroenterologia, cardiologia, neurologia, ginecologia, oncologia, pediatria, transplantes e terapia intensiva.

Para ser referência mundial, o *hospital dos nossos sonhos* oferece treinamentos que simulam condições reais nas quais um determinado procedimento ou comportamento é empregado, propiciando melhor retenção de informação. Além disso, deve servir de treinamento para a aplicação de novos produtos e o emprego de novas tecnologias em procedimentos cirúrgicos, bem como de treinamento e difusão de inovações em técnicas cirúrgicas por meio de equipamentos de última geração em imagem e monitoramento. O treinamento por simulação realística deve utilizar simuladores de realidade virtual, simuladores de pacientes (robôs), manequins estáticos e atores profissionais, em instalações que criam um ambiente semelhante a um hospital virtual ou a ambientes pré-hospitalares, favorecendo a prática.

O desenvolvimento é capaz de simular um novo protocolo de atendimento antes que seja adotado, para identificar pontos vulneráveis ou que precisem de melhorias. Além de habilitar o profissional em procedimentos técnicos, também são verificados os aspectos comportamentais, como a comunicação à família do paciente sobre falecimento ou doença grave, e a postura do profissional durante os procedimentos. Dessa forma, é possível para o profissional vivenciar, com segurança, situações comuns do dia a dia de um hospital, como o atendimento a vítimas de acidentes de trânsito ou com risco iminente de morte e, consequentemente, toda a tensão emocional que envolve quadros com esses.

Conexão com a perspectiva de aprendizado e conhecimento

Os processos eficazes de gestão hospitalar do *hospital dos nossos sonhos* exigem forte respaldo da tecnologia da informação, competência dos funcionários, cultura e clima organizacionais.

No caso de consultorias de gestão, algumas organizações partem do tema *clima organizacional* como base do crescimento do capital humano, da informação e da sustentabilidade. As práticas de incorporação desse plano gestor integram, no planejamento de atividades, as demandas construídas pelos funcionários, pela comunidade, pelo governo e pelo meio ambiente. Os resultados estratégicos (figura 6) têm sido acionistas satisfeitos, clientes encantados, processos eficientes e empregados motivados.

Figura 6
COMPONENTES DOS RESULTADOS ESTRATÉGICOS

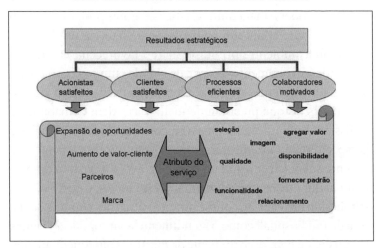

Processos de gestão

A gestão dos clientes/usuários reflete boa parte da estratégia de negócios utilizada pelas organizações. A nova economia realçou a importância dos relacionamentos entre as organizações e os clientes/usuários de serviços.

Em nosso hospital, essa proximidade física dos clientes em relação à organização traz uma nova concepção: a formação e a interlocução por meio dos comitês de bioética.

Os processos de gestão dos clientes/usuários foram fortalecidos por meio de comitês resolutivos para o cultivo de relacionamentos duradouros. Sublinhamos a perspectiva do aprendizado e do crescimento do capital humano (figura 7) com o reforço do alinhamento cultura/liderança/trabalho em equipe/compartilhamento das melhores práticas.

Figura 7
COMPONENTES FUDAMENTAIS PARA POTENCIALIZAR O CAPITAL HUMANO

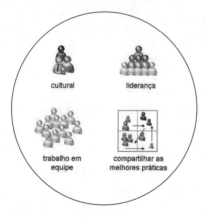

A compreensão dessa proposição de valor pelos clientes/usuários certamente é fator preponderante para atrair e reter a clientela, e auferir as margens da promoção e do crescimento do hospital.

Faz-se muito importante o desenho, a implementação e o controle de programas realizados para influenciar a aceitabilidade das ideias sociais, envolvendo comunicação e pesquisa de administração dos serviços.

O marketing social é uma metodologia inovadora, capaz de fazer evoluir o modo de lidar com as ideias, os conceitos, as ações, o comportamento e as práticas. Nesse caso, pressupõe-se a adoção de novos comportamentos (figura 8) no âmbito individual e coletivo, orientados para princípios éticos, nos direitos humanos e na equidade social. Tudo isso leva a mudanças comportamentais quanto a formas de sentir, perceber, pensar e agir em relação a uma determinada situação, adotando-se novos conceitos e atitudes.

Figura 8
SEQUÊNCIA DA ACEITABILIDADE DAS IDEIAS SOCIAIS

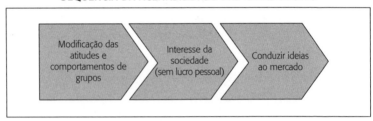

Considerando-se os aspectos referentes aos profissionais que atuam nas organizações de saúde, e considerando-se, ainda, que os ativos intangíveis serão considerados de maior valor em relação a produtos e serviços:

> Liste uma série de ativos intangíveis e comente como eles podem ser considerados como diferenciais competitivos nas instituições de saúde.

Como se procurou apresentar até aqui, a partir do *hospital dos nossos sonhos* — uma organização fictícia —, a responsabilidade social pode ser definida como a forma de se conduzir a imagem de uma organização. Dessa maneira a organização se torna parceira no desenvolvimento social e, mesmo, corresponsável por ele. Analisemos, agora um caso real.

4

Hospital Hemorio — um caso real[7]

O hospital Hemorio construiu, ao longo do tempo, uma cultura de valor por meio da responsabilidade social e da ética em saúde. Por isso foi escolhido como o caso real analisado. Veremos que oferecer as melhores experiências é possível, também, em organizações de saúde reais, e não somente no *hospital dos nossos sonhos*.

Caracterização do Hemorio

O Instituto Estadual de Hematologia Arthur de Siqueira Cavalcanti (Hemorio) é o hemocentro coordenador do estado do Rio de Janeiro. É um órgão da administração pública estadual — Poder Executivo, subordinado à Secretaria de Estado de Saúde e Defesa Civil do Rio de Janeiro (Sesdec) —, não sendo uma unidade orçamentária.

---

[7] Agradecemos ao Hemorio pela disponibilidade e relato de seu caso de sucesso.

Breve histórico

O Hemorio foi inaugurado em 1944, com o nome de Banco de Sangue do Distrito Federal, por meio do Decreto nº 6.769, sendo o primeiro banco de sangue público do Brasil. Passou a ser reconhecido como Instituto Estadual de Hematologia Arthur de Siqueira Cavalcanti com a Lei nº 852, de 27 de julho de 1956. Em 1988, atendendo às recomendações do Ministério da Saúde (MS), formuladas no Plano Nacional de Sangue e Hemoderivados (Planashe), foi criada a Fundação Pró-Instituto de Hematologia (Fundarj), organização de direito privado, que trabalha de forma integrada com o Hemorio, oferecendo apoio logístico para o desenvolvimento de suas atividades. Em 1990, recebeu do governo do estado a incumbência de coordenar tecnicamente a Rede Estadual Pública de Órgãos Executores de Atividades Hemoterápicas (Hemorrede).

Área de atuação

O Hemorio é o coordenador da rede pública de sangue do estado do Rio de Janeiro, responsável pela coleta, processamento e distribuição de bolsas de sangue para mais de 120 serviços de saúde que compõem o Sistema Único de Saúde (SUS) do estado do Rio de Janeiro. É centro de referência em hematologia e hemoterapia do estado e, dentro da rede hierarquizada do SUS, é uma unidade terciária especializada no tratamento de doenças hematológicas primárias de alta complexidade. Atende pacientes com doenças hematológicas primárias (doença falciforme, hemofilia e onco-hematologia), em regime ambulatorial e de internação. Como hemocentro coordenador, qualifica e capacita profissionais técnicos na área de hematologia e hemoterapia, além de estimular e realizar pesquisas científicas nessas áreas.

Sua área de atuação abrange todo o estado do Rio de Janeiro, mas, devido à exclusividade dos serviços oferecidos, também são prestados atendimentos a pacientes oriundos de outros estados. A participação da instituição em programas e políticas públicas se estende às três esferas do governo: municipal, estadual e federal.

Figura 9
O HEMORIO, ATUANDO NO SEGMENTO SANGUE, CONTRIBUI PARA A MELHORIA DA QUALIDADE DE VIDA DA POPULAÇÃO BRASILEIRA

Perfil demográfico

O quadro de pessoal é composto em 2010 por: 1.122 funcionários admitidos pela Sesdec, por meio de concurso público ou processo seletivo simplificado; 685 têm vínculo com a Sesdec (são estatutários); 185 são prestadores de serviços; 134 têm vínculo por processo seletivo; 33 são funcionários do Hope; 144 funcionários têm vínculo Fundarj; 317 são terceirizados; 24 são estagiários de laboratório selecionados pela Sesdec por meio de concurso público; 97 são estagiários de diversas áreas, provenientes de convênios com universidades e unidades de ensino profissionalizantes; e três são professoras da Secretaria

Municipal de Educação, responsáveis pela execução do Programa da Classe Hospitalar. Estes profissionais, têm a seguinte distribuição, segundo o gênero: 66,5% do sexo feminino e 33,5% do sexo masculino; segundo a idade: 11% com idade acima de 54 anos, 34% entre 42 e 54 anos, 38% entre 29 e 41 anos e 17% abaixo de 29 anos. No que se refere à escolaridade, 40% da força de trabalho têm nível superior (13% com curso de pós-graduação), 40% têm nível médio e 20%, nível fundamental.

Negócio, missão, visão e valores do Hemorio

A direção do Hemorio desenvolve desde 1995, para a instituição, um conjunto claro de valores que explica o que a alta direção sustenta e em que acredita. Esses valores são constantemente debatidos nas reuniões, sendo que, anualmente, são reavaliados durante o realinhamento estratégico.

A missão institucional foi definida como a razão de ser do instituto. O detalhamento da missão do Hemorio foi importante, mas, para tal, foram necessários clareza e consenso em relação ao que se queria atingir e em relação às prioridades dos serviços que se desejava oferecer. Isso feito, a missão institucional pôde ser detalhada de forma sucinta e objetiva. Também foi definida a missão de todas as divisões e dos principais serviços e setores do instituto. A missão também foi atualizada no planejamento estratégico de 2001, após análise das novas atribuições conferidas ao instituto pelo Ministério da Saúde (MS) e pela Secretaria de Estado de Saúde (SES) do Rio de Janeiro.

A visão do instituto foi concebida a partir das análises dos ambientes externo e interno, sendo tal visão coerente tanto com os valores, as crenças e os princípios do Hemorio, quanto com as orientações da Secretaria de Estado de Saúde e com a missão anteriormente definida. A visão estratégica definida em 1995 — *ser reconhecido como um centro de excelência em hematologia e hemoterapia na América Latina* — foi considerada como atingida em 2000, e modificada no realinhamento estratégico de 2001.

Existem diversas formas de disseminar valores e diretrizes para todos os empregados. A seguir, são listados os principais canais sistematizados para promover a disseminação e assegurar o real entendimento desses valores e diretrizes, sendo que a maioria tem a participação direta da alta administração em seu desenvolvimento.

- ❏ Disseminação visual — divulgação da missão, da visão, dos valores e das diretrizes da empresa em quadros de avisos, murais, *displays* e crachás. Essas ações seguem um plano e um cronograma acordados com a alta administração, estando sua execução e controle sob responsabilidade da assessoria de comunicação integrada.
- ❏ Divulgação por meio eletrônico — na página principal da intranet, existe um ícone institucional, no qual são divulgados a missão, a visão e os valores, que são de acesso a toda a força de trabalho, sendo também disponibilizado no site do Hemorio.
- ❏ Projeto de internalização dos valores — anualmente, um dos valores da organização é utilizado como tema central do planejamento ou de programas internos, sendo objeto de debates e dinâmicas pela direção-geral (DG) e por todas as coordenações, sendo que cada área pode desenvolver sua estratégia utilizando textos, reuniões, gincanas, palestras, filmes etc. Já foram debatidos os valores *ética*, *equipe*, *humanização*, *compromisso* e *profissionalismo*. Atualmente, o valor que está em debate é a *qualidade* — *gestão sem lacunas*. Como exemplo de entendimento e aplicação dos valores, o valor *humanização* deu início, em 2003, ao Projeto Hospital sem

Dor, que está sendo desenvolvido pelos próprios funcionários, com gerenciamento do conselho funcional (CF).

- Expresso Hemorio, mural da qualidade e folder — o *Expresso* é um informativo interno e tem edição quinzenal, sendo disponibilizado em locais estratégicos da organização e na intranet, com disseminação há nove anos. O mural foi criado em 1995, quando do início do Programa de Gestão pela Qualidade Total (PGQT), e, desde então, vem sendo utilizado como meio de informação e disseminação para as práticas utilizadas no programa. Constantemente ocorrem menções à missão, à visão, aos valores, que, sempre que possível, são também incluídos nos folders que fazem parte dos kits de divulgação do Hemorio. Tanto o *Expresso* quanto o mural possuem padrões estabelecidos para divulgação, prazos de reformulação e estão sob gerenciamento da assessoria de comunicação interna (ACI).

- Trinta minutos da qualidade — essa prática foi também inicialmente utilizada pela DG para realizar debates com os empregados sobre os valores e as diretrizes, mostrando, ainda, o direcionamento a ser seguido.

- Conselho funcional — um dos critérios de escolha, pelas equipes, dos participantes desse conselho é que sejam pessoas que melhor representem os valores institucionais.

- Divulgação do planejamento estratégico e eventos internos — após o realinhamento estratégico (anual), uma série de apresentações é realizada com a alta direção para sua divulgação. Nesses encontros, são também reforçados os valores institucionais e as orientações estratégicas, sendo que, desde 2005, a prática foi estruturada e formalizada. Foi estabelecido um procedimento operacional padrão.

A ética sempre foi muito importante para o Hemorio. Desde a implantação do Programa de Qualidade, em 1994, essa questão já estava em pauta. Após uma reflexão para marcar o que faz parte da cultura do Hemorio, foi identificado que a organização valoriza:

- ❏ a qualidade, pois os clientes necessitam de tratamento humano, efetivo e competente, e os processos precisam fornecer respostas a eles;
- ❏ a ética e a honestidade, que são vivenciadas nas ações, buscando realizar as atividades de maneira correta e segura para os clientes e funcionários. Os resultados globais e pessoais são avaliados com isenção, e o reconhecimento e a recompensa são oferecidos de acordo com o desempenho;
- ❏ a satisfação dos clientes, pois são eles que julgam o desempenho dos processos e identificam o compromisso com suas necessidades e expectativas;
- ❏ a equipe, pois deve existir credibilidade e lealdade entre as pessoas, transparência nas atitudes, companheirismo no relacionamento, responsabilidade na tomada de decisão e entusiasmo para irradiar aos integrantes;
- ❏ a solidez, pois esta formará a imagem positiva da organização, sustentará a credibilidade institucional e transmitirá confiança aos clientes;
- ❏ a competência, que será alcançada por meio do desenvolvimento e do aperfeiçoamento contínuo das pessoas e dos processos, conseguidos por meio de ensino, pesquisa e equilíbrio nas ações;
- ❏ o amor e o respeito, pois seus clientes e funcionários são tratados com amor e respeito, e suas ações levam em consideração a proteção à saúde e ao meio ambiente.

O Hemorio considera, como princípios, a satisfação dos clientes, a gerência participativa, o desenvolvimento humano, a constância de propósitos, a melhoria contínua, a gerência de processos, a delegação de poder, a gerência de informação e a comunicação — garantia da qualidade e busca da perfeição.

No planejamento estratégico de 1999 ficaram definidos, como valores, a ética, a humanização, a equipe, a capacitação, a qualidade, o compromisso e o profissionalismo.

Em 2000 começou-se a disseminar os valores na instituição, por meio de palestras, gincanas e outras formas de dar a conhecer, como murais.

Em 2001 reuniram-se 35 profissionais das diferentes áreas representativas para debater o planejamento estratégico do Hemorio. Após a análise dos ambientes externo e interno, foram definidas novas diretrizes estratégicas que, posteriormente, foram divulgadas pela organização. Houve mudança na definição da missão do Hemorio, que passou a ser "atuar como centro coordenador de hematologia e hemoterapia do estado, prestando serviços de relevância social em assistência, ensino e pesquisa".

Em 2002 teve lugar no Hemorio a palestra "Ética nas organizações", ministrada por um dos autores deste livro, com o objetivo de debater o tema, conscientizando os funcionários da instituição para a importância da preparação do código de ética do Hemorio. Ainda em 2002 foi implantado o conselho funcional no Hemorio, cujo objetivo é estabelecer mais um meio de comunicação direto e bilateral entre a direção e os funcionários, visando internalizar os valores institucionais para a melhoria do desempenho do hospital.

No início de 2003, a então Coordenação de Administração, hoje Superintendência de Administração e Recursos Humanos, realizou, com suas equipes, a apresentação dos trabalhos sobre internalização dos valores do Hemorio, realizando-se posteriormente a cerimônia de encerramento do projeto Internalização de Valores: Trabalhando o Valor Equipe.

Em 2004, no planejamento estratégico, pautado no valor comprometimento, a missão do Hemorio foi adaptada e passou a ser "Prestar assistência de qualidade em hematologia e hemoterapia à população e coordenar a hemorrede do estado". Os valores institucionais são os parâmetros que norteiam a gestão, o funcionamento e o relacionamento interno e externo, que balizam as práticas da organização. O objetivo da avaliação dos valores institucionais é traduzir a percepção dos clientes externos e a percepção dos empregados, de acordo com o crescimento institucional. Ainda em 2004, como forma de disseminação de valores, realizou-se palestra sobre endomarketing. Nesta, foram expostos, de forma dinâmica e criativa, o desenvolvimento nas tomadas de decisão e a construção de um ambiente de participação e valorização do ser humano na empresa, aumentando os resultados e a satisfação.

O código de ética foi elaborado em 2005 e distribuído entre os funcionários. Na organização desse código, encontramos os seguintes tópicos:

❑ mensagem da direção;
❑ valores institucionais — são eles, até 2007, ética, compromisso, humanização, equipe, profissionalismo, capacitação e qualidade;
❑ princípios e diretrizes — comunidade, órgãos governamentais e sindicatos, nome e logomarca, usuários, informações, funcionários. São referentes à conduta, à organização, à contratação, ao treinamento e ao desenvolvimento, ao assédio moral e sexual, à discriminação, ao furto, ao roubo e aos fornecedores;
❑ termo de compromisso do funcionário para com a instituição.

O Hemorio conta, também, com um comitê de ética de pesquisa, instituído em 2000, que verifica a segurança, a integridade e os direitos humanos de sujeitos participantes de pesquisas, avaliando os aspectos éticos antes de seu início.

O tratamento das questões éticas, um dos valores do Hemorio, é feito pelas lideranças e alta administração com base no Estatuto dos Servidores Públicos Civis do Estado do Rio de Janeiro, no Regulamento Interno, nas normas institucionais e no código de ética. Os valores atuam também como importantes ferramentas na condução das questões éticas, pois proporcionam os referenciais básicos que orientam a razão e a causa para a implementação das ações apontadas pela sociedade.

Em relação aos procedimentos a que são submetidos os pacientes, é aplicado, sistematicamente, desde 2001, o termo de consentimento informado, como citado anteriormente, documento em que o paciente autoriza a realização de procedimentos invasivos, após esclarecidos os riscos neles envolvidos. Procedimento similar é realizado com os doadores de sangue, focado, principalmente, no consentimento para a realização dos exames obrigatórios, entre eles o anti-HIV. A alta administração, por meio do exemplo e do cumprimento desses regulamentos, normas e códigos, procura nortear e disseminar o comportamento ético por todo o Hemorio. Os principais mecanismos utilizados para estimular, estabelecer, manter e assegurar o relacionamento ético no Hemorio são apresentados no quadro 4.

Quadro 4
INTERAÇÃO COM A SOCIEDADE: MECANISMOS PARA A GARANTIA DO COMPORTAMENTO ÉTICO COM AS PARTES INTERESSADAS

Força de trabalho	Conhecimento e cumprimento do Código de Ética, do Estatuto dos Servidores Públicos Civis, do Regulamento Interno e das normas; aplicação do termo de consentimento informado; palestras sobre valores, ética e bioética.
Clientes	Disponibilidade de canais de acesso ao Hemorio; postura da força de trabalho visando garantir a clareza e a confiabilidade das informações prestadas; cumprimento de normas técnicas, legislações e portarias; atendimento às reclamações e sugestões dos clientes.

(Continua)

Sociedade e comunidade	Acesso às instalações do Hemorio por meio do hemotur, viabilizando o acesso ao conhecimento de seus processos de trabalho e às informações sobre suas atividades; palestras nas comunidades; publicações diversas e divulgação na mídia relacionadas à prestação e às necessidades de serviços, interessando à hematologia e à hemoterapia; desenvolvimento de projetos socioambientais.
Fornecedores	Lei de Licitações nº 8.666/1993 para a seleção de fornecedores; estabelecimento de requisitos de conduta e desempenho nos contratos de fornecimento de insumos e prestação de serviços.

Como forma de monitorar o acesso, o entendimento e a aplicação dos valores e das diretrizes organizacionais, o Serviço de Planejamento Funcional, com o apoio da Seção de Informação Gerencial, aplica anualmente a pesquisa de clima organizacional, que tem perguntas relacionadas ao entendimento da missão, visão e valores da instituição.

Em 2005 o planejamento estratégico atuou com o valor *profissionalismo*, com o tema: "Profissionalismo: o direcionador para o sucesso". Com ele foi possível iniciar, com as lideranças, o estudo da gestão por processos.

Em 2006 o planejamento estratégico abordou o valor *qualidade*, com o tema: "Gestão sem lacunas". Sua finalidade foi identificar as lacunas e as não conformidades que poderiam prejudicar os resultados do plano estratégico.

A cada ano, desde 2004, com a finalidade de internalizar os valores organizacionais, buscando o realinhamento estratégico, é fixado um valor institucional como tema principal do seminário no pré-planejamento, direcionando suas atividades.

No final de 2006 todas as chefias passaram por um treinamento de dois dias, com enfoque em liderança, comunicação, saber ouvir, relacionamento interpessoal e, acima de tudo, o entendimento do trabalho em equipe. Na reformulação do planejamento estratégico houve a participação do conselho funcional, estudando os valores institucionais. Já no final de 2006, no curso de lideranças, foram escolhidos, durante o treinamento, os valores das chefias a partir dos valores do Hemorio. Unindo os estudos, foi realizado um *wokshop*, em 2008, visando ao alinhamento necessário entre os diferentes valores. Eles foram, então, atualizados e definidos de acordo com os princípios da ética. Na busca pela credibilidade, a instituição reconheceu os resultados da equipe e adotou posturas relevantes para a sociedade. São elas: humanização, integração, respeito, comprometimento, desenvolvimento.

Em 2008, o tema escolhido para o planejamento estratégico foi *equipe*. Essa foi a grande oportunidade de se trabalhar esse conceito no seminário de gestão e nas fases analíticas do pré-planejamento.

Podem-se constatar os resultados da internalização, pelos funcionários, da missão, da visão e dos valores do Hemorio observando-se as figuras 10 e 11. São o resultado de pesquisa desenvolvida ao longo de quatro anos.

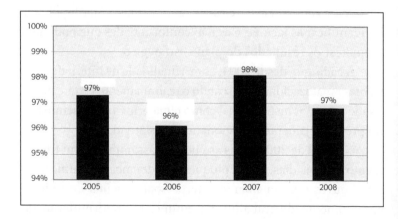

Figura 10
CONHEÇO A MISSÃO, A VISÃO E OS VALORES DO HEMORIO

No ano de 2008 observa-se uma queda no quantitativo devido à rotatividade de funcionários.

Figura 11
SOU ESTIMULADO A AGIR SEGUNDO OS VALORES DO HEMORIO

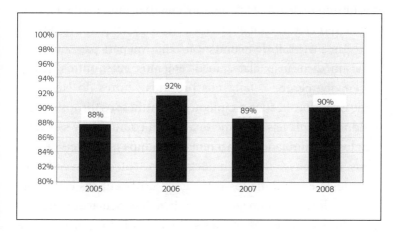

Projetos de responsabilidade social

Em relação à conservação de recursos não renováveis e à minimização do uso de recursos renováveis, o Hemorio promove ações educativas sobre o uso racional da água e de energia elétrica; realiza ronda para detectar luzes e aparelhos ligados fora do horário de expediente de trabalho. Um foco importante em relação a esse recurso está voltado para o Programa Hemocicle, de coleta seletiva de materiais recicláveis trazidos pelos funcionários e pacientes, sob responsabilidade da Superintendência de Administração e Recursos Humanos (SAD), que leva a força de trabalho da organização como um todo — familiares, pacientes, doadores, fornecedores e comunidade — à conscientização para segregar e descartar corretamente os resíduos que podem ser reciclados.

O programa contemplou ações que vão desde distribuição de folders e apresentações teatrais e de palestras, até estratégias de marketing, com divulgações e orientações na internet, intranet e informativo interno (*Expresso Hemorio*), buscando desenvolver produtos que sirvam de referencial significativo a todos que quiserem se aliar ao desenvolvimento de um mundo melhor. Com a venda desses materiais recicláveis são adquiridos cadeiras de rodas, materiais de manutenção, enxoval para pacientes, materiais médico-hospitalares, medicamentos, entre outros.

A segregação é feita nos próprios setores do Hemorio, onde estão localizados recipientes, identificados, próprios para resíduos recicláveis. Os funcionários e a comunidade são autorizados e estimulados a trazerem os resíduos recicláveis de suas casas. Os profissionais da limpeza são orientados a recolher os resíduos e encaminhá-los para serem armazenados em abrigo próprio, localizado no subsolo do hospital. Semanalmente, ou quando necessário, os resíduos são arrecadados por uma empresa parceira nesse ramo, que fornece mensalmente planilhas com distinção do tipo de material recolhido, valores pagos em real e pesos em quilograma, para posterior alimentação dos indicadores internos.

No período de 2005 a 2008, foram encaminhados para o ciclo produtivo:

- ❑ 89,9 toneladas de resíduos de papel, contribuindo para a preservação de 1.798 árvores (o que representa, em média, cerca de 360 por ano) e gerando uma receita de R$ 11.374,00;
- ❑ 13,8 toneladas de metal — R$ 6.617,13;
- ❑ 1.763 cartuchos de tinta — R$ 6.241,00;
- ❑ 4,1 toneladas de plásticos — R$ 914,00.

O Hemorio estimula, sensibiliza e conscientiza sua força de trabalho (FT) a participar de esforços para o desenvolvimento de ações sociais. Dessa forma, vários de seus funcionários são voluntários na Associação de Voluntários do Hemorio (AVH). A organização conta, também, com os colaboradores internos, que atuam, sem nenhum tipo de ônus ou obrigação, nos projetos de natureza social, como o Hemocicle e o Grupo O+. Essas ações cooperam para a motivação dos colaboradores em relação à responsabilidade pelos resultados.

A Superintendência de Administração e Recursos Humanos (SAD) tem como prática, anualmente, na época de Natal, fazer gestos solidários para com os mais necessitados. Dessa forma, em 2007, a SAD levou ao Lar de Júlia, orfanato de meninos, mantimentos, roupas e brinquedos. Para 2008 a meta era levar água, roupas e mantimentos aos desabrigados da chuva do norte e do noroeste fluminense.

O Hemorio, em relação à segurança, à saúde pública e à proteção ambiental, prevê os impactos adversos que podem decorrer de suas instalações, da produção, da distribuição, do transporte, do uso e do descarte ou da reciclagem final de seus produtos, e toma as ações de prevenção e de proteção necessárias.

No que diz respeito à interação com a sociedade, o Hemorio desenvolve ações, por meio de sua força de trabalho, para estimular o exercício da cidadania. São elas: sensibilização da sociedade para a integração ao Programa Hemocicle; doação e solicitação de leite em pó para distribuição, pela AVH, às crianças inscritas no Programa Primeiros Passos e no Projeto de Suplementação Alimentar para pacientes com doença falciforme; cadastro dos voluntários em formulário próprio que discrimina o tipo de atividade que as pessoas pretendem desenvolver; realização de campanhas para arrecadações diversas: roupas e agasalhos, linhas e lã para confecção de toucas (Esquentando o Coração); cesta básica; campanha para doação de sangue entre a força de trabalho (Santo de Casa Também Faz Milagre) e contribuição para a AVH por meio da participação no Espaço Solidário.

Figura 12
UNIDADE MÓVEL DE COLETA DE SANGUE NA COMUNIDADE, ESTIMULANDO A RESPONSABILIDADE SOCIAL

O Hemorio foi um dos primeiros hospitais públicos a possuir uma Comissão Interna de Prevenção de Acidentes (Cipa), funcionando há cerca de 12 anos, contando com profissional especializado em segurança do trabalho em seu quadro e ligada à Seção de Atendimento ao Funcionário e Qualidade de Vida (SCSF). Por seus quadros já passaram vários funcionários da SAD. Essa comissão é responsável por ações que visam garantir a segurança dos clientes e dos funcionários, atuando na prevenção de acidentes. As ações da Cipa são importantes para a sociedade, pois, na área de saúde, muitos profissionais possuem vínculos com outras organizações. Assim, a capacitação desses profissionais pode ser utilizada em outras organizações de saúde, atingindo pessoas que podem nem ser clientes delas.

Entre suas principais ações podem ser destacados a elaboração de mapas de risco, a brigada de incêndio e os cursos regulares de biossegurança e de prevenção de acidentes de trabalho. A Cipa vem desenvolvendo, desde 2001, campanhas de sensibilização e de conscientização ambiental direcionados a todos que passam pela instituição. Como exemplos, podemos citar as ações para a prevenção da dengue — sendo uma delas a inspeção predial, visando à detecção de focos do mosquito *Aedes aegypti* — e as ações de impacto ao meio ambiente pelo descarte de lixo e outros.

Outro processo importante relacionado à sociedade e que fez parte da Assessoria da Qualidade de 2005 a 2007 foi o hemotur. Seguindo o conceito do *hospital de portas abertas*, trata-se de uma visita agendada de grupos externos para conhecer as instalações e as atividades do Hemorio, dando ênfase ao caminho percorrido pelo doador de sangue, para divulgar a doação voluntária. A prática está normatizada, e as visitas são realizadas semanalmente. A avaliação pelos participantes é feita para permitir o levantamento de dados para controle e melhoria da prática.

A SAD também cuida de sua imagem, na medida em que realiza palestras para divulgar os avanços obtidos na área de gestão — por exemplo, em seminários, palestras, congressos — e na medida em que representantes de seu quadro participam do Programa Qualidade Rio — Setorial Saúde, Núcleo Gespública, ou ainda no Encontro Hemorio de Administração e Qualidade, realizado há 11 anos.

Um fato importante foi a nomeação da superintendente da SAD para a Comissão de Administração de Serviços de Saúde do Conselho Regional de Administração do Rio de Janeiro. Essa comissão tem como diretriz o fortalecimento da categoria de administrador, a ampliação da visibilidade da profissão e a integração profissional, a realização de pesquisas e estudos organizacionais e a ampliação da empregabilidade e da mobilidade social do administrador. Nesse sentido realizou dois eventos na instituição: uma palestra em março de 2005 ("Administração na área de saúde: uma questão de atitude") e outra em julho de 2005 ("A saúde na reforma do Estado: as fundações estatais como novo modelo de gestão para hospitais"). Além dessa representação, a titular da Assessoria da Qualidade Externa (ASQE) participa da Comissão da Mulher Administradora, do Conselho Regional de Administração (CRA/RJ). Criada em julho de 2008, essa comissão tem por objetivo a troca de ideias, experiências e alternativas aos problemas enfrentados pelas administradoras. As reuniões ocorrem semanalmente na sede do CRA/RJ.

Os funcionários do Hemorio têm sido estimulados a participar de campanhas de doação de alimentos para formação de cestas básicas. Em 2005, no evento Cinema Solidário, o ingresso era um quilo de alimento não perecível, ou cobertores, ou brinquedos, para serem utilizados em projetos internos que são desenvolvidos por funcionários, utilizando suas competências, para as crianças internadas. Os funcionários também atuam na comissão de eventos, desenvolvendo atividades fora de seu horário normal de trabalho, durante as festividades, como a Páscoa, o Dia das Crianças, o Natal, entre outras.

Há, também, o trabalho voluntário pela busca da melhoria no atendimento à sociedade, realizado pela ASQE, por meio de treinamentos de simplificação de processos para organizações públicas; a conclusão do processo de validação da autoavaliação da Fiocruz, também como trabalho voluntário, a pedido do Núcleo Gespública/RJ; o apoio ao Programa de Excelência em Gestão (PEG) da Secretaria Estadual de Saúde e Defesa Civil (Sesdec) para a disseminação da melhoria contínua das unidades hospitalares em nível central, em busca da excelência; e a palestra sobre a experiência da Gestão pela Qualidade do Hemorio, no Seminário de Gestão Hospitalar para os alunos da Escola Técnica Oscar Tenório, da Faetec.

No quadro 5, algumas melhorias que foram implementadas.

Quadro 5
EXEMPLOS DE MELHORIAS IMPLEMENTADAS

2004	Disponibilização de hemotur no site do Hemorio. Construção do abrigo para o lixo hospitalar. Criação do Comitê de Porta de Entrada com equipe multidisciplinar para implementação de melhorias propostas por clientes.
2005	Realização da 1ª pesquisa de relacionamento com a comunidade. Realização do 3º simulado de evasão e abandono de área, promovido pela brigada de incêndio, Cipa e SCSF. Implantação do Programa de Gerenciamento de Resíduos Sólidos.
2006	Disponibilização da rede de internet do Hemorio para as associações de pacientes.
2007	Parceria com a empresa Reciclando Lixo, que passou a coletar os resíduos recicláveis, incluindo vidros e plásticos, além de realizar palestra.
2008	Elaboração, em parceria com o STEC, de Curso de Atualização em Língua Portuguesa, para funcionários. Disponibilização de rede de internet do Hemorio para pacientes e funcionários, com a colocação de ilhas de informações sobre o hospital.

As informações disponibilizadas na figura 11 confirmam que é possível a interação da organização de saúde com a sociedade, oferecendo experiências melhores a pacientes, funcionários e colaboradores que participam de seu dia a dia.

Na figura 13, um exemplo dos resultados alcançados por essa interação do Hemorio com a sociedade:

O Hemorio vem desenvolvendo alguns projetos, entre eles o Hemocicle, com o objetivo de reduzir a quantidade de lixo não tratado e contribuir para a preservação do meio ambiente. Nos anos de 2004 a 2006, observamos um crescimento em relação aos anos de 2007/08 devido à venda de sucata.

Figura 13
QUANTIDADE DE MATERIAL DESCARTADO PARA RECICLAGEM (TONELADAS)

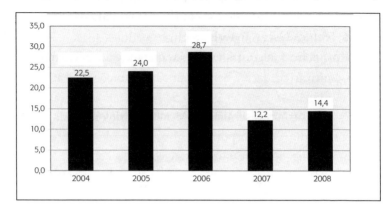

Agradecemos ao Hemorio pela disponibilidade em nos relatar um *caso de sucesso* que em muito nos entusiasma, não só porque dele fizemos parte, como consultores, mas pela contribuição do corpo docente do MBA em Saúde, da FGV. Em nossas turmas, o Hemorio sempre se faz representar.

Figura 14
PROJETO DE RESPONSABILIDADE SOCIAL EDUCAÇÃO E SAÚDE

A figura 14 representa o Projeto de Responsabilidade Social e Ética integrado nas ações de proteção ao meio ambiente e sustentabilidade, bem como medidas de atenção às crianças, adultos e idosos no componente saúde e educação.

A proposta foi sensibilizar o paciente a ajudar o próximo. Assim, com a arrecadação, beneficiamos instituições de caridade, asilos e orfanatos.

Essas ações representam os princípios incorporados pela empresa, no dia a dia corporativo.

É a forma de conduzir os negócios da empresa, de tal maneira que a torna parceira e corresponsável pelo desenvolvimento social. A empresa socialmente responsável é aquela que possui a capacidade de ouvir os interesses das diferentes partes (acionistas, funcionários, prestadores de serviço, fornecedores, consumidores, comunidade, governo e meio ambiente) e conseguir incorporá-los no planejamento de suas atividades, buscando atender às demandas de todos e não apenas dos acionistas ou proprietários.

Os benefícios de uma empresa ao adotar práticas socialmente responsáveis são a fidelização e novos clientes; motivação no ambiente de trabalho; controle e redução; facilidade na obtenção de créditos; acesso a novos mercados; despertar interesse em profissionais qualificados.

Quanto ao público interno, há naturalmente a disseminação de informações da valorização de diversidade e promoção da equidade no ambiente interno (ações voltadas à educação, ao lazer e à saúde).

Como princípios da política empresarial junto a seus fornecedores, convém ressaltar o conhecimento do projeto vinculado às melhores práticas de seus fornecedores.

Quanto à comunidade, pode-se mobilizar o desenvolvimento de projetos de inclusão de jovens na perspectiva de aprendizado onde a empresa está inserida.

Quanto ao meio ambiente, desenvolver ações de conscientização ambiental e orientações ao gerenciamento (uso, destinação e tratamento) dos resíduos produzidos pelas empresas.

Os princípios da política para implementar em uma empresa referem-se primordialmente ao desenvolvimento e capacitação de novos projetos que promovam acessos dos jovens às atividades educativas.

Figura 15
ÉTICA E TRANSPARÊNCIA

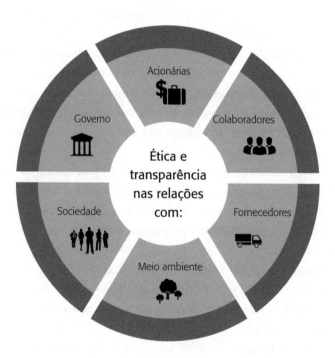

A figura 15 representa a interação e promoção associativa do ensino à prática do projeto, com a preocupação das organizações e da sociedade como um todo para a importância da adoção de práticas solidárias e éticas, não só na saúde, mas em todas as áreas.

Programas estratégicos, para fora dos muros das organizações, criam espaços de diálogo com a comunidade circunvizinha e demais atores que participam direta ou indiretamente. Observamos principalmente a melhoria da qualidade de vida das famílias na adoção e preservação do meio ambiente, além de educação para a saúde e captação de novas ideias.

Conclusão

O *hospital dos nossos sonhos* recebeu homenagens por reduzir a taxa de mortalidade dos doentes. Houve queda da rotatividade de empregados. Os lucros e a rentabilidade aumentaram. Foi o primeiro a implementar a iniciativa Six Sigma — programa de administração que visa melhorar a qualidade dos processos. Nele, não se dispensaram pessoas como consequência de cortes de emprego.

Em levantamento realizado pela revista *Top Ranking*, o *hospital dos nossos sonhos* aparece como a organização mais inovadora da região na área da saúde, destacando-se, principalmente, por suas atividades de pesquisa. Foi a terceira vez que a organização conquistou a mesma posição nessa área de atuação. Em *rankings* empresariais, o *hospital dos nossos sonhos* foi destaque de uma revista especializada, posicionando-se entre as maiores empresas brasileiras, além de ser reconhecido como referência para o Ministério da Saúde e pelos diversos prêmios e destaques recebidos, a exemplo do conquistado em 2008: Satisfação dos Usuários do Sistema Unificado de Saúde.

Trata-se de um compromisso ético e público com a missão, a visão e os valores, que vai além do cumprimento das leis. Se todos forem partícipes na construção da gestão ética do hospital, sujeitos próprios dos acordos estabelecidos, conscientes e convictos de sua importância, ter-se-ão as desejadas internalização e qualificação da conduta ética institucional.

A era do conhecimento que estamos vivenciando orienta as organizações a quebrarem tradicionais paradigmas e atuarem de forma diversa de como vinham atuando no passado. Ideias inovadoras devem ser estudadas e esforços devem ser dirigidos à sua implementação. Está entrando em cena um conjunto contemporâneo de técnicas e princípios totalmente dissociados daqueles que vimos experimentando desde a Revolução Industrial. O novo paradigma contempla a substituição da produção em massa, da burocracia, enfim, da fé industrial pelo capital intelectual na era do conhecimento. Esse é o paradigma dos nossos dias. Essa é a nossa tendência.

Os administradores, responsáveis diretos pela condução dos destinos das organizações e pelo seu desenvolvimento, estão tendo de migrar das questões puramente econômicas e administrativas para buscar entender as questões e as rupturas sociais, tecnológicas, político-culturais que marcam o ambiente turbulento dos dias de hoje e assim poderem agir. Oscilações repentinas, hipercompetição, revoluções tecnológicas, conflitos e perturbações sociais podem provocar enormes prejuízos às organizações se não identificados a tempo e se não ocorrerem ações capazes de resguardá-las.

As organizações deverão estar sempre atentas para influenciar o autoconceito do ser humano e mudar as mentes. Acreditamos que a pergunta, neste momento de fechamento do livro, seja: o que é preciso mudar na mente gerencial?

Nosso livro respondeu a essa pergunta traçando uma trajetória dos *nossos sonhos* gerenciais. Tentamos criar um ambiente de provocação para o surgimento de novas habilidades, motivação e talentos gerenciais. O que podemos dizer, à guisa de conclusão, é que a sustentabilidade é hoje mais do que um princípio de gestão; é a própria garantia de sobrevivência da organização, e o trabalho, esse ativo cada vez mais raro, dependerá mais e mais das organizações.

Como realizar essas mudanças? Como construir uma tecnologia relacional?

Não temos a pretensão de ter esgotado os temas possíveis. Modestamente, procuramos oferecer uma amostra que unisse a teoria às melhores práticas, sabendo que as respostas são gestadas a cada dia.

Desejamos a vocês, movidos pela ânsia de elevar o nível de sustentabilidade de suas organizações, que possam incorporar um projeto gestor que cultive as habilidades e as melhores práticas na disseminação da dinâmica organizacional deste século XXI.

Consolidem-se reflexões norteadoras de:

❑ como implantar a responsabilidade nas empresas como um todo;
❑ como estabelecer relacionamentos duradouros;
❑ como desenhar organizações capazes de estimular a todos.

Consideramos que as organizações de sucesso são, sobretudo, as que conseguem uma gestão ética em sua atuação.

Nossa intenção é ajudar a descortinar, no ambiente hospitalar, o potencial de valor agregado que existe, transformando o hospital em um líder de mudança estratégica por meio dos componentes da *ética empresarial* e da *responsabilidade social*.

Esperamos que vocês, que são os grandes mediadores nos processos e modelos de gestão, teçam a capacitação, a dialogicidade, a administração de conflitos nos sistemas de negociações, todos parte de nosso dia a dia.

Ter a capacidade de explorar as múltiplas possibilidades de ouvir, questionar e facilitar diálogos é imprescindível, seja no âmbito organizacional, comunitário, familiar ou do meio ambiente; seja em instituições de natureza pública ou privada, de alcance nacional ou internacional.

Se ousadia e percepção tiverem que conformar o perfil dos profissionais nas empresas do século XXI, fica um lembrete necessário sobre os desafios que o livro apresenta para as organizações: que todas as empresas duradouras insiram, em seus negócios, a sustentabilidade socioambiental como fonte de vantagem competitiva.

Qualquer organização que coloque essa agenda no cerne de sua missão estará falando de pessoas que ardentemente desejam e trabalham por um mundo melhor.

Referências

ARRUDA, Maria Cecília et al. *Ética empresarial*: a gestão da reputação. São Paulo: Atlas, 2003.

ASHMOS, D.; DUCHON, D. Spirituality at work: a conceptualization and measure. *Journal of Management Inquiry*, v. 9, n. 2, 2000.

BEGHIN, Nathalie. *A filantropia empresarial*: nem caridade, nem direito. São Paulo: Cortez, 2005.

BENTHAM, J. *The principles of morals and legislation*. New York: Hafner, 1948.

BM&F BOVESPA. *Boletim informativo*. São Paulo, out. 2008.

BORGES, M.; DALL'AGNOL, D.; DUTRA, D. *Ética*. Rio de Janeiro: DP&A, 2002.

CAMUS, Albert. *Avesso e o direito*. Rio de Janeiro: Record, 2005.

CARSON, Rachel. *Silent Spring*. Robbinsdale, MN: Fawcett, 1964.

CORTINA, Adela. *Ética de la empresa*. Madrid: Trotta, 1994.

COSTA, C. F. Razões para o utilitarismo: uma avaliação comparativa de pontos de vista éticos. *Revista Ethic@*, Florianópolis, v. 1, n. 2, p. 155-174, dez. 2002.

COVEY, Stephen R. *O 8º hábito*: da eficácia à grandeza. São Paulo: Campus, 2005.

DAVEL, Eduardo; VERGARA, Sylvia C. (Orgs.). *Gestão com pessoas e subjetividade*. São Paulo: Atlas, 2006.

DAVIS, Stan; MEYER, Christopher. *Blur*: a velocidade da mudança na economia integrada. Rio de Janeiro: Campus, 1999.

DRUCKER, Peter F. Managing knowledge means managing oneself. *Leader to Leader*, n. 16, Spring 2000. Disponível em: <http://homepage.mac.com//bobembry/studio/biz/conceptual_resources/authors/peter_drucker/mkmmo_org.pdf>. Acesso em: fev. 2011.

ECHEVERRÍA, Rafael. Diálogo e ética nas organizações. *Reflexão*, .Instituto Ethos, n. 13, out. 2004.

ELKINGTON, J. Tendências da cadeia de responsabilidade civil (legal e moral) e o risco empresarial. In: Ciclo de Encontros sobre Sustentabilidade e Gestão Empresarial, Centro Empresarial Brasileiro para o Desenvolvimento Sustentável (Coord.). São Paulo, 2006.

ENRIQUEZ, E. Os desafios éticos nas organizações modernas. *RAE*, São Paulo, v. 37, n. 2, p. 6-17, abr./jun. 1997.

FAYOL, Henry. *Teoria clássica administrativa*. São Paulo: Atlas, 1996.

FLORIDI, L. Informational ethics: as environmental approach to the digital divide. *Philosophy in The Contemporary World*, v. 9, n. 1, 2001.

_____. The information society and its philosophy. *The Information Society*, v. 25, p. 153-158, 2009. Special issue.

FRIGOTTO, G. Educação como capital humano: uma "teoria" mantenedora do senso comum. *RBPAE*, v. 19, n. 3, p. 53-81, 1996.

FURTADO, Tania R. da S. *Cadernos de Gestão e Saúde*, FGV Projetos, n. 1, 2007.

_____. Saúde, previdência e assistência social: políticas públicas para o fortalecimento da cidadania/organização. OLIVEIRA, Fátima de; KAZNAR, Istvan. Cap. 25. *Contribuições da neurociência para o campo organizacional e da liderança*, Rio de Janeiro: E-papers, 2015a.

_____. Saúde, previdência e assistência social: políticas públicas para o fortalecimento da cidadania/organização. OLIVEIRA, Fátima de; KAZNAR, Istvan. Cap. 10. *A contribuição dos MBAs em Gestão de Saúde na formação de lideranças*. Rio de Janeiro: E-papers, 2015b.

GARRAFA, Volnei. Ciência, poder e ética. In: SEMINÁRIO INTERNACIONAL SOBRE BIODIVERSIDADE E TRANSGÊNICOS, 1999, Brasília. *Anais...* Brasília: Senado Federal, 1999.

_____. Inclusão social no contexto político da bioética. *Revista Brasileira de Bioética*, v. 1, n. 2, p. 122- 132, 2005.

GER (Gran Enciclopédia Rialp). Madrid: Rialp, 1979. p. 9.

GOLDIM J. Roberto. Bioética e interdisciplinaridade. *Educação, subjetividade e poder*. *Acta Paulista de Enfermagem*, 2012a.

_____. Bioética e cuidados paliativos: tomada de decisões e qualidade de vida. *Acta Paulista de Enfermagem (Online)*, v. 25, p. 334-339, 2012.b

_____; FRANCISCONI C. F. Comitês de ética hospitalar. *Revista de Medicina ATM* 1995.

GRUPEMEF. Unidades hospitalares. *Revista Grupemef*, v. 31, n. 107, set./out. 2008.

HABERMAS, J. *Raison et légitimité*. Paris: Payot, 1978.

_____. *Conhecimento e interesse*. Rio de Janeiro: Zahar, 1982.

_____. *Consciência moral e agir comunicativo*. Trad. Guido A. de Almeida. Rio de Janeiro: Tempo Brasileiro, 1989.

_____. *Pensamento pós-metafísico*. Rio de Janeiro: Tempo Brasileiro, 1990.

_____. *Técnica e ciência como "ideologia"*. Lisboa: Edições 70, 1997.

_____. *Teoría de la acción comunicativa*. Madrid: Taurus Humanidades, 2001. v. I e II.

HARMAN, Willis; HORMANN, John. *O trabalho criativo*: o papel construtivo dos negócios numa sociedade em transformação. São Paulo: Cultrix, 1993.

HITT, Michael A. et al. *Administração estratégica*. São Paulo: Pioneira Thomson Learning, 2005.

IANNI, Octavio. *A era do globalismo*. Rio de Janeiro: Civilização Brasileira, 1997.

INSTITUTO ETHOS DE EMPRESAS E RESPONSABILIDADE SOCIAL. Indicadores Ethos, jun. 2000. São Paulo: Instituto Ethos. Disponível em: <www1.ethos.org.br>.

_____. *Indicadores Ethos de responsabilidade social e empresarial 2007*. São Paulo, 2007. Disponível em: <www.ethos.org.br/_Uniethos/documents/Indicadores_2007_PORTUGUES.pdf>. Acesso em: fev. 2011.

_____. *Indicadores Ethos de responsabilidade social e empresarial 2007*. São Paulo, 2010. Disponível em: <www.ethos.org.br/docs/conceitos_praticas/indicadores/default.asp>. Acesso em: fev. 2011.

KANT, Immanuel. *Fundamentação da metafísica dos costumes e outros escritos*. Trad. Leopoldo Holzbach. São Paulo: Martin Claret, 2002.

KOHLBERG, L. Moral development and identification. In: STEVENSON, H. W. (Ed.). *Child psychology*. 62nd yearbook of the National Society for the Study of Education. Chicago: University of Chicago Press, 1963.

KOTTOW, Miguel. *Introducción a la bioética*. Santiago: Editorial Universitaria, 1995.

KUHN, T. S. *The structure of scientific revolutions*. 2. ed. Chicago/London: University of Chicago Press, 1970.

LA FORGIA, Gerard M. *Desempenho hospitalar no Brasil*: em busca da excelência. São Paulo: Singular, 2009.

LASZLO, Chris. *Valor sustentável*: como as empresas mais expressivas do mundo estão obtendo resultados pelo empenho em iniciativas de cunho social. Rio de Janeiro: Qualitymark, 2008.

LEISINGER, Klauss R. *Ética empresarial*: responsabilidade global e gerenciamento moderno. Rio de Janeiro: Vozes, 2001.

LICHT, René Henrique G. *Ética organizacional*: busca de um modelo compreensivo para comportamentos morais modais nas empresas. Tese (Doutorado em Administração) — Departamento de Administração, Faculdade de Economia, Administração e Contabilidade da Universidade de São Paulo (FEA-USP), São Paulo, 1996.

LOBATO, David Menezes. *Administração estratégica*: uma visão orientada para a busca de vantagens competitivas. Rio de Janeiro: Editoração, 2000.

LYOTARD, Jean François. *O pós-moderno*. Rio de Janeiro: José Olympio, 1986.

_____. *Moralidades pós-modernas*. Campinas: Papirus, 1996.

MATTAR NETO, João Augusto. *Filosofia e ética na administração*. São Paulo: Saraiva, 2004.

MILL, J. S. *Utilitarism*. New York: Prometheus Books, 1987.

MILLWARDBROWN; BRANDANALYTICS. O grande salto das marcas. *Isto é Dinheiro*, n. 558, ano 11, p. 72, 11 jun. 2008.

MOREIRA, Joaquim Manhães. *A ética empresarial no Brasil*. São Paulo: Pioneira, 2002.

MORRIS, Tom. *A nova alma do negócio*. Rio de Janeiro: Campus, 1998.

NADER, Ralph. *Unsafe at any speed*. New York: Grossman, 1965.

NASH, L. *Ética nas empresas*: guia prático para soluções de problemas éticos nas empresas. São Paulo: Makron Books, 2001.

OLIVEIRA, José Arimatés de. Responsabilidade social em pequenas e médias empresas. *RAE*, São Paulo, v. 24, n. 4, p. 203-210, out./dez. 1984.

OLIVEIRA, J. C. de. A construção da imagem. *Época Negócios*, 31 out. 2008.

OSTERBERG, Rolf V. Um novo tipo de empresa com um novo tipo de pensamento. In: ETZIONI, Amitai. *Organizações modernas*. São Paulo: Pioneira, 1980. p. 75-78.

_____. *Corporate renaissance*: business as an adventure in human development. Novato, CA: Nataraj, 1993.

PARSONS, Talcott; UTA, Gerhardt. *An Intellectual Biography.* Cambridge: Cambridge, 1960, p. 248.

PETRICK, Joseph A.; WAGLEY, Robert A. Enhancing the responsible strategic management of organizations. *Journal of Management Development*, v. 11, p. 57-72, 1992.

PROUST, Marcel, TAMEN, Pedro. *A prisioneira: em busca do tempo perdido.* São Paulo: Olho dÁgua, [s.d.]

RAMOS, A. G. *A nova ciência das organizações*: uma reconceituação da riqueza das nações. 2. ed. Rio de Janeiro: FGV, 1983.

REICHHELD, Frederick F. *A pergunta definitiva*: você recomendaria a um amigo? São Paulo: Elsevier, 2006.

RIBEIRO, Maria Nazareth. *Saúde, previdência e assistência social – Políticas públicas para o fortalecimento da cidadania/organização.* OLIVEIRA, Fátima de; KAZNAR, Istvan. Cap. 28. *A tecnologia avançada do neurofeedback e a neuropsicologia para o desenvolvimento de alto desempenho.* Rio de Janeiro: E-papers, 2015.

ROAZZI, Vincent M. *A espiritualidade do sucesso*: como ficar rico sem perder a integridade. São Paulo: Cultrix, 2004.

SALOMON, Robert C. *Ethics and excellence*: cooperation and integrity in business. New York: Oxford University Press, 1992.

SANTOS, Gilberto Alves dos. *Fidelização na promoção de medicamentos.* — Trabalho de Conclusão de Curso (MBA em Gerência de Saúde) — FGV, Rio de Janeiro, 2001.

SAWHENEY, Mohanbir; WOLCOTT, Robert; ARRONIZ, Inigo. As 12 dimensões da inovação. *Revista HSM Management*, v. 1, n. 60, jan./fev. 2007.

SCHAFF, Adam. *A sociedade informática*: as consequências sociais da segunda revolução industrial. São Paulo: Unesp, 1995.

SOLOMON, R. C. *A melhor maneira de fazer negócios.* São Paulo: Negócio, 2000.

SROUR, R. H. *Ética empresarial*: posturas responsáveis nos negócios, na política e nas relações pessoais. Rio de Janeiro: Campus, 2000.

_____. *Ética empresarial*: a gestão da reputação. Rio de Janeiro: Campus, 2003.

TAYLOR, Frederick Winslow. *Princípios da administração científica*. São Paulo: Atlas, 1990.

VEITH Jr., Gene Edward. *Tempos pós-modernos*. São Paulo: Cultura Cristã, 1999.

VELASQUEZ, M. C. *Business ethics*: concepts and cases. New York: Prentice Hall, 1991.

XAVIER, A. M.; SOUZA, W. J. Responsabilidade social empresarial: estudo teórico-empírico à luz dos instrumentos Ethos. In: Encontro Nacional da ANPAD; 4, 2004, Curitiba. *Anais*...Curitiba, ANPAD, 2004.

ZOHAR, Danah. *QS: inteligência espiritual* — o "Q" que faz a diferença. Rio de Janeiro: Record, 2002.

ZULZKE, M. L. (Coord.). *Percepção e tendências do consumidor brasileiro*: pesquisa 2000. Enanpad. São Paulo: Ethos, dez. 2000.

Os autores

Tania Regina da Silva Furtado

Pós-doutora em planejamento e avaliação de serviços em saúde pela Universidade Federal do Rio de Janeiro (UFRJ); doutora em comunicação e cultura pela Escola de Comunicação da UFRJ; mestre em psicologia clínica pela PUC-Rio e especialista em psicopedagogia pela FGV. Sua experiência profissional inclui a coordenação acadêmica dos cursos MBA em Gerência de Saúde e a coordenação acadêmica do Curso de Auditoria em Saúde, ambos da FGV. É membro do Comitê Executivo da Federação de Hospitais e coordenadora científica do Mestrado Internacional em Gestão de Serviços de Saúde ISCTE-FGV. Membro do Comitê de Medicina e Saúde da Associação de Comércio e Indústria do Estado do Rio de Janeiro.

Gilberto Alves dos Santos

Mestre em física nuclear pela Universidade de São Paulo (USP); MBA em gerenciamento de saúde pela FGV e em desenvolvimento de liderança pelo Insead-Cingapura; bacharel em física. Tem mais de 18 anos de experiência na indústria farmacêutica, incluindo consultoria pela Accenture, Close-Up International, Merck Sharp & Dohme, GlaxoSmithKline e Eli Lilly. Ocupou várias posições como pesquisador científico no Instituto de Pesquisas Energéticas e Nucleares (Ipen) e, a seguir, desenvolveu-se na área farmacêutica como representante de vendas, gerente de pesquisa de mercado, gerente de novos produtos e diretor em várias áreas para Brasil, América Latina e Caribe. Professor convidado do FGV Management para os MBAs de Gestão em Saúde e Indústria Farmacêutica em parceria com a Federação Brasileira das Indústrias Farmacêuticas (Febrafarma).

Paulette Albéris Alves de Melo

Mestre em administração pela Universidade Municipal de São Caetano do Sul (IMES-UCS); pós-graduada em administração de instituições financeiras pela Escola de Administração de Empresas de São Paulo (Eaesp/FGV) e MBA em gestão empresarial pela Escola de Pós-Graduação em Economia (EPGE/FGV); graduada em direito pela UCB-MC. Possui experiência profissional de 29 anos, tendo atuado na indústria financeira como executiva do grupo Santander Banespa. Foi presidente, durante 10 anos, de empresa do terceiro setor. É professora convidada do FGV Management, ministrando aulas sobre temas ligados à gestão estratégica de pessoas, à ética e à responsabilidade social.

Ricamar Peres de Brito Fernandes Maia

Mestre em educação pelo Instituto Superior de Administração e Economia (Isae/FGV), graduada em pedagogia pela Universidade do Estado do Rio de Janeiro (Uerj). É palestrante e consultora em ética empresarial e responsabilidade social corporativa. Foi assessora da Secretaria de Estado de Educação do Rio de Janeiro por 12 anos, coordenadora acadêmica de implantação dos Cieps. É professora de ensino superior e de pós-graduação há 20 anos. Jurada do prêmio Valor Social/SP — jornal *Valor Econômico*. Ex-coordenadora do grupo interativo de RH (GIRH), durante dois mandatos. Autora do livro *Sistema educacional brasileiro*. É professora convidada do FGV Management desde 1997. Convidada para o III Congresso de Ética nos Negócios e para a Semana Brasileira das PME. Proferiu palestra em Brasília – Projeto Mais Médicos. Atua nos MBA em Saúde, Gestão Empresarial e Gestão de Pessoas.

Este livro foi impresso nas oficinas gráficas da Editora Vozes Ltda.,
Rua Frei Luís, 100 – Petrópolis, RJ.